혼자
있는
새벽 4시의
힘

혼자 있는 새벽 4시의 힘

내 안의
잠든 가능성을
깨우는 시간

김세희(세빛희) 지음

더퀘스트

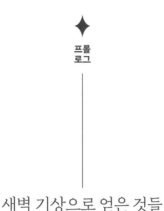

새벽 기상으로 얻은 것들

새벽 4시, 모두가 잠든 어두컴컴한 시각에 일어나기를 시작한 지도 벌써 6년이 다 되어간다. 이 새벽 시간을 통해 돈으로 환산할 수 없을 만큼 소중한 것들을 얻었다. 무엇보다 꿈에 그리던 퇴사를 했다. 내 인생에 퇴사는 불가능한 일이라 생각했다. 매일의 출근길이 지옥으로 가는 문이라 느껴졌을 정도로 직장은 너무나 괴로운 곳이었다. 하지만 그곳에서 탈출할 방법은 없었다. 그러다 마지막 지푸라기라도 잡는 심정으로 매일 새벽에 입술을 깨물며 일어나기 시작했다.

새벽 시간에 아무도 없는 컴컴한 부엌의 낡은 식탁에서 노트북을 켜는 일은 쉽지 않았다. 일어날 때마다 '5분만 더 잘까?' 하는 유혹을 이겨내야 했다. 그 찰나의 시간에 나는 왜 지금 일어나야 하는지 그 이유를 수없이 곱씹곤 했다.

'지옥 같은 직장에서 탈출하려면 새벽에 일어나는 방법밖에 없다!'

지금 일어날 수밖에 없는 이유를 몇 번씩 떠올리고서야 5분 더 자고픈 유혹을 뿌리칠 수 있었다. 매일 나는 나를 설득하고 달래고 훈계했다. 새벽마다 말 그대로 전쟁이 따로 없었다. 하지만 그 덕분에 퇴사할 수 있었고 꿈에 그리던 제2의 인생을 살게 되었다.

현재 나는 2개 법인의 대표이자 강사, 전업 투자자, 1인 기업가로 살고 있다. 노트북 하나만 있으면 세계 어디서든 일할 수 있는 디지털 노마드이기도 하다. 매일 눈치 볼 상사도 없고, 어디든 꼭 하나쯤 있는 이상한 동료도 없다. 여행을 가고 싶으면 언제든 갈 수 있는 시간이 있고, 월급을 받을 때와는 비교도 되지 않을 만큼 경제적으로도 여유가 생겼다.

단지 새벽에 일어나기만 했을 뿐인데 책에서나 보던 인생을 살고 있다. 이전에는 커피 한잔 사 먹을 돈도 없어서 인스턴트 커피를 마셨고 책 살 돈도 아껴야 해서 동네 도서관에서 책을 빌려 읽었다. 하지만 지금은 언제든 카페에서 가장 좋아하는 카페 라테를 사 마실 수 있고, 읽고 싶은 책은 책꽂이가 모자랄 정도로 사서 볼 수 있다.

꼭 부자라는 것이 몇백억 부자여야 하는 것은 아니다. 당장 사고 싶은 것을 살 수 있고 더 이상 돈 걱정을 하지 않는 삶, 싫은 일은 하지 않아도 되고 싫은 사람은 만나지 않아도 되는 삶을 살 수 있다면 그 또한 부자가 아닐까? 그런 기준으로 본다면 나는 분명 부자라고 할 수 있다. 무엇보다 내 삶의 주도권이 오직 나 자신에게 있다. 누군가의 말 한마디에, 종이 한 장 때문에 여기저기로 보내지는 삶이 아니라 내가 내 길을 결정한다. 내가 하고 싶으면 하고, 하기 싫으면 하지 않는다. 그렇기에 나는 부자다.

현재 나는 부동산 강사이자 '3040 재테크 코디네이터'로 일하고 있다. 나를 스쳐 가는 누구라도 반드시 부자가 될 수 있도록 고객 한 사람, 한 사람에게 정성을 다한다. 부동산 및 재테크 관련 일을 하기로 한 가장 큰 이유는 이 일이 사람들의 문제를 해결해줄 수 있기 때문이다. 사람들은 자신의 문제를 해결해주는 사람을 좋아할 수밖에 없다. 그리고 나는 그런 사람이 되기 위해 매일 아침 일어나 부단히 노력했다.

매일 새벽에 나는 사람들의 어떤 문제를
해결해줄 수 있을지 생각했다.
매일 새벽에 나는 좋아하는 일이 아니라
잘하는 일 중에서 업을 찾으려고 고민했다.
매일 새벽에 나는 떠오르는 생각을 글로 썼다.

항상 고민이었다. 내가 좋아하는 걸 해야 할까, 잘하는 걸 해야 할까? 그렇다면 내가 잘하는 건 무엇일까? 좋아하는 일은 언제든 싫어질 수 있다. 무엇보다 좋아하는 일이 평생 해야 하는 일이 돼버리면 더 이상 좋아할 수가 없다. 가장 좋아하는 일이 요리라고 하자. 가끔 좋아하는 요리를 한다면 장을 보고, 요리하고, 깨끗이 치우는 과정이 매우 즐거울 것이다. 하지만 전문 요리사가 되어 매일 식당 주방에서 요리해야 한다고 생각해보자. 정말 매일 똑같이 즐거울 수 있을까?

잘하는 일은 다르다. 잘하는 일은 시간과 노력을 들이면 더 잘할 수 있다. 내 경우 내가 잘하는 일은 글쓰기와 부동산 투자였다. 그중에서도 확실하게 사람들의 문제를 해결해줄 수 있는 것은 부동산이었다. 꼭 투자에 관심이 있지 않더라도 '내 집 마련'에 대한 고민은 다들 갖고 있다. 만일 그 고민을 해결해줄 수 있다면 보람이 있을 것이고, 더 잘하게 된다면 제2의 직업이 될 수 있으리라 확신했다.

그때부터 매일 새벽에 일어나 공부했다. 처음에는 어떻게 공부해야 할지 감이 잡히지 않아 부동산 관련 책을 모조리 읽어버렸다. 거의 매일 도서관에 가서 책을 빌려왔고, 빌려온 책들은 새벽 시간에 읽었다. 그렇게 부동산에 대해 감을 잡을 수 있었고, 부동산도 공부하면 잘할 수 있다는 사실을 알게 되었다. 지금 부동산 강사로 활동할 수 있게 된 것도 새벽에 일어나 책을 읽고 공부했던 덕분이다.

하지만 부동산 강사가 되기에 앞서 고민이 많았다. 현재 활동하고 있는 부동산 강사분들이 너무 대단하다고 생각했기 때문이다. 아무리 노력해도 그들을 이길 순 없다고 생각했다. 그렇게 자존감이 쪼그라들 때마다 감사 일기를 썼고 긍정 확언을 소리 내어 읽었다.

나는 부동산 강사가 됐고, 내 강의는 하루 만에 마감됐다.

나는 부동산 강사가 됐고, 내 강의는 하루 만에 마감됐다.

나는 부동산 강사가 됐고, 내 강의는 하루 만에 마감됐다.

매일, 세 번씩 긍정 확언을 종이에 쓰고 소리 내어 읽었다. 그 덕분에 힘들고 어려울 때도 이겨내고 지금까지 부동산 강사로 활동할 수 있었던 것 같다.

새벽마다 썼던 나의 수많은 글은 '세빛희'라는, 세상에 하나뿐인 사람으로 나를 재탄생시켰다. 처음에 사람들은 내가 제공하는 정보가 좋아서 나를 찾는다. 하지만 그런 정보들은 나뿐만 아니라 누구든 제공할 수 있다. 결국 나를 좋아하게 하려면 내가 쓰는 글에 진짜 나라는 사람이 드러나야 한다.

새벽마다 내가 쓰던 글들에 진짜 나를 담으려고 했다. 매일 회사에서 겪었던 사건들, 그때 내가 느낀 감정들, 아침 출근길에 봤던 모습들, 현재 내 생각을 정말 솔직하게 담으려고 했다. 그러자 정말 나라는 사람 자체를 좋아하는 사람들이 모이기 시작했다. 그들은 내가 제공하는 강의를 듣고 책을 사주었고, 내가 어떤 것을 해도 응원하고 지지해주었다.

그들을 나는 '소친님'이라고 부른다. 소친님은 '소중한 친구'

의 줄임말이다. '친구'라고 부르는 이유는 내가 그들보다 전문가라고 생각하지 않기 때문이다. 그저 내가 더 먼저 알게 된 것들을 알려준다는 생각으로 글을 쓰고 영상을 만든다. 내 앞에 친구가 앉아 있다고 생각하고 정말 쉽게 내가 아는 것을 알려주려고 한다. 소친님들이 없었다면 지금처럼 1인 기업가로 자유롭게 살아갈 수 없었을 것이다.

나는 친구가 없다. 직장 동료들은 퇴사와 동시에 연락이 끊겼다. 퇴사하면서 알게 된 건 아무것도 아닌 인연들에 그렇게 연연해할 필요가 없다는 것이었다. 직장 안에서는 그 인연들이 내게 정말 큰 영향을 끼쳤다. 그 무리에 끼지 못하면 인생의 실패자가 될 거라고 생각했다. 어떻게든 나를 지우고 철저히 그들이 좋아하는 사람으로 보이려고 했다. 그 덕분에 무리에 낄 순 있었지만 정작 나 자신을 잃어버리고 말았다. 내가 무엇을 좋아하고, 무엇을 하고 싶어 하는지를 잊어버렸고 나라는 사람은 몹시 불행해졌다.

그런데 퇴사하고 보니 직장 안에서의 인연은 아무것도 아니었다. 친구 역시 그렇다. 학창 시절에는 비슷한 상황에서 같은 목표를 바라보며 지내지만 사회로 나오면 학창 시절과는 너무나 다른 상황에 각기 직면한다. 각자가 맞닥뜨린 고민을 서로 이해하지 못하고 그렇다 보니 점점 더 멀어진다. 하지만 지금 나를 알고 나를 지지하는 친구들, 소친님들은 다르다. 내가 무엇을 하든 나를 응원해주고 위로해준다.

내가 좋아하는 무라카미 하루키의 《달리기를 말할 때 내가 하고 싶은 이야기》라는 책에 이런 구절이 있다.

> 주위 사람과의 친밀한 교류보다는 소설 집필에 전념할 수 있는 안정된 생활의 확립을 앞세우고 싶었다. 내 인생에 있어서 가장 중요한 인간관계는 특정한 누군가와의 사이라기보다 불특정 다수인 독자와의 사이에 구축되어야 할 것이다.

나 역시 지금까지 이어왔던 관계 말고 나와 함께하는 사람들에게 집중하기로 했다. 매일 새벽 소친님들에게 무엇을 알려드릴지를 생각하고 강의 자료를 만들고 글을 쓴다. 그래서 더 이상 새벽 시간이 외롭지 않다. 아무도 깨지 않은, 이 세상에 혼자만 있는 것 같은 시간이지만 나의 소중한 친구들이 이 시간에 내 마음속에서 함께하기 때문이다. 그것이 새벽 기상에서 얻은 가장 큰 수확이다.

목차

1장
일단,
일어나라

2장
새벽 4시, 내 안의 꿈을 이루는 시간

3장
새벽 4시,
내 안의 부를
깨우는
시간

4장
새벽 4시, 함께 기적을 만드는 시간

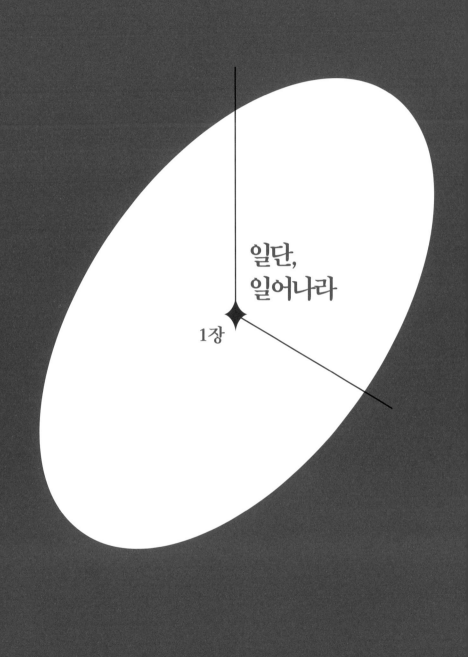

일단,
일어나라

1장

내 삶의
주인이 되는 시간

10년 동안 직장을 다니며 결혼을 하고 아이를 키웠다. 모두 그렇게 사는 줄 알았다. 아침 7시에 일어나 30분 만에 출근 준비를 끝내고, 매일 아침 아이를 봐주러 오시는 부모님께 죄송한 마음을 안고 집을 나서곤 했다. 출근길은 왜 항상 밀리는 건지…. 행여 지각할세라 조마조마해하며 직장으로 향했다. 출근 시간 5분 전에 겨우 도착해서는 헐떡거리는 숨을 가라앉히고 팀장님의 눈치를 봤다. 그렇게 겨우겨우 퇴근 시간까지 버티고, 또다시 밀리는 차 안에서 전쟁을 치르고 집으로 들어서면 종일 엄마를 기다려온 아이들이 "엄마, 놀아줘!" 하며 품에 뛰어들었다.

옷만 얼른 갈아입고 부모님을 배웅한 뒤 아이들 저녁을 먹이고 집을 정리하다 보면 어느새 9시. 아이들에게 책을 읽어주다 지쳐 쓰러지면 다시 아침 7시였다. 그렇게 10년을 살다 보니 나를 위한 시간이 단 1분도 없다는 것을 알게 되었다.

주부들도 자기만의 시간이 없기는 마찬가지다. 새벽같이 일어나 아침을 차리고, 준비물을 챙겨 아이들을 어린이집과 학교에 서둘러 보낸다. 모두가 떠난 집에서 덩그러니 앉아 잠시 쉬려고 하는데 빨래가 수북이 쌓여 있는 게 눈에 들어온다. 다시 종종걸음으로 어지러운 집을 조금씩 정리하다 보면 오후 3시. 아이들이 올 시간이다.

다 그렇게 사는 줄 알았다. '나는 엄마니까 이런 건 감수해야 해'라며 마음을 다잡았다. 하지만 그런 마음도 10년이 지나자 어느 순간 참지 못하고 폭발하는 순간이 왔다.

'왜 나만 힘들어야 하는 걸까?'

'똑같이 회사 다니는데 왜 내가 다 해야 하지?'

그동안 쌓였던 불만들이 주체할 수 없을 정도로 터져 나왔고 가만히 있어도 눈물이 났다. 처음에는 모든 원망이 남편을 향했다. 남편은 직장만 신경 쓰면 되는데 왜 나는 직장과 아이들, 집안일까지 전부 해야 할까? 똑같이 돈을 버는데 왜 나만 이렇게 힘들어야 하는 걸까? 그런 생각을 할수록 남편이 원망스러웠고 내가 피해자 같았다. 내가 불행해지니 가족들도 힘들어했다. 아이들에게 자주 화를 냈고, 하루에도 감정이 극과 극을 오가며 널을 뛰었다.

생각해보면 나는 그전에도 그렇게 살았다. 오랫동안 나의 꿈은 초등학교 교사였고, 그것만 보며 달려왔다. 하지만 생각만큼 수능 성적이 나오지 않아 겨우 지방 대학의 국문과에 들어갔다. 그때부터 방황이 시작되었다. 하고 싶은 게 없었고 부모님 권유로 공무원 시험을 준비했지만 그조차도 하기 싫었다.

그렇게 도망을 다니다 4학년이 되면서 현실을 인지하기 시작했다. 이렇게 졸업하면 백수밖에 안 되겠구나 싶어 휴학을 하고 그렇게 하기 싫었던 공무원 시험공부를 6개월 동안 미친 듯이 했다. 손목이 나갈 정도로 열심히 한 덕분에 결국 합격했다. 합격통지서를 받았던 그 순간은 잠깐 기뻤다. 그때만 해도 정년퇴직할 때까지 공무원으로 살겠지 생각했다.

하지만 곧 환상은 깨졌다. 본격적인 업무를 시작한 그 순간부터 고난의 연속이었다. 좀처럼 바뀌지 않는 조직에 항상 나를 맞춰야 했다. 정말 열심히 한다고 생각했지만 죄 없는 내게 민원인은 무턱대고 화를 냈다. 자존감이 바닥을 치기 시작했다. 하지만 도저히 벗어날 방법이 없다고 생각했다. 그랬던 내가 다시 꿈을 꿀 수 있었던 것은 새벽 시간을 통해서였다.

더 이상 이렇게 살지 않기로 했다

공무원들은 매년 인사철이 되면 종이 한 장에 의해 원하지도 않는 부서로 옮겨진다. 나라는 존재는 세상에 유일하며 소중한데 회사에서는 그렇지 않다. 언제든 대체될 수 있는 존재다. 그렇게 직장에서 나의 존재가치를 알고 난 후부터는 더 이상 의욕이 생기지 않았다. 아무리 열심히 해도 언제든 대체될 수 있는 사람일 뿐이었다. 점점 나 자신이 쓸모없는 사람처럼 느껴졌다. 그런 감정을 달래기 위해 월급을 받으면 좋은 옷도 사 입고 비싼 레스토랑에서 밥도 먹었다. 하지만 그때만 잠시 즐거웠고 나의 존재는 여전히 가치가 없는 것 같았다.

더 이상 이렇게 살아서는 안 된다고 생각했다. 회사의 일이 아닌 나만의 무언가를 해봐야겠다고 결심했다. 그런데 도저히 시간이 없었다. 출퇴근 시간을 쪼개고 밥 먹는 시간을 줄여도 뭔가를 할 수 있는 시간이 도통 나지 않았다. 언제 시간을 낼수 있을지 고민하니 새벽 시간이 유일했다. 남들보다 일찍 하루를 시작하면 3시간 정도는 낼 수 있을 것 같았다. 그렇게 내 인생에도 변화가 조금씩 꿈틀대기 시작했다.

　새벽에 일어나 나의 제2의 인생을 위한 기획을 하기 시작했다. 누군가에게 20~30대는 다시 돌아가고 싶은 찬란한 젊은 날일 수도 있지만 내 20~30대는 후회되는 일들이 참 많았다. 별생각이 없었던 20대 때는 그냥 놀았다. 그리고 스물네 살 때 공무원 시험에 합격하고서는 더 이상 나를 위한 발전의 시간 없이 현실에 안주해버렸다. 30대 때는 아이를 키우면서 직장을 다니느라 나를 위한 시간을 가질 수 없었다.

　어쩌면 변명일 수도 있다. 지금 생각하면 얼마든지 공부할 시간을 확보할 수 있었지만 그러려고 하지 않았다. 아마 나뿐만 아니라 많은 사람이 그렇게 보낸 시절을 후회하고 있을 것이다. 하지만 지금도 좋다. 언제든 만회할 수 있다. 당신이 새벽에 일찍 일어날 수만 있다면 말이다.

　　새벽 시간은 내 인생에 덤으로 주어지는 시간이다.
　　저녁의 삶을 줄이고 조금만 더 일찍 자고 일찍 일어나면

　　　　　　　　　　　　　　　　　　　　　　1장 일단, 일어나라

덤으로 주어지는 그 시간을 가질 수 있다.

그 시간을 통해 잃어버린 2030의 시간을 만회하고

내가 바라는 인생을 재설계할 수 있다.

모든 것을 그대로 다 누리면서 새로운 인생을 살 순 없다. 아무 생각 없이 흘려보내던 시간을 재정비해야 한다. 그렇게 하면 누구든 인생을 바꿀 수 있다. 나는 새벽 기상을 하면서 내가 얼마나 가치 있는 존재인가를 알게 됐다. 그만큼 누군가를 위해서가 아니라 오직 나를 위해 시간을 썼다. 남은 생각하지 않았고 오직 나를 생각했다. 처음으로 직장이나 가족이 아니라 나에 대해 생각했고 내가 무엇을 하고 싶은지를 생각했다. 시간이 쌓이자 잃어버렸던 내가 조금씩 보였다.

그런데 왜 새벽 기상이어야 했을까? 무엇보다 새벽 시간에는 아무도 나를 방해하지 않았고 집중이 잘되었다. 매일 새벽 4시부터 아침 7시까지 오롯이 3시간을 나만의 시간으로 가질 수 있었다.

우리의 하루는 24시간으로 채워진다. 하지만 대부분 시간은 항상 무언가로 가득 차 있다. 만일 직장인이라면 아침부터 저녁까지 회사에서 시간을 보내야 한다. 주부라면 아침에는 남편과 아이들을 보낼 준비를 하고 집안일을 하고 저녁 준비를 하다 보면 하루가 다 가버린다. 그렇게 살다 보면 하루하루가 그냥 가버린다. 많은 사람이 '시간이 나면 하고 싶은 걸 해야지'라고 생각한다. 하지만 늘 같은 하루가 반복될 뿐이다. 시간은 만들어야 한다. 시간을 확보하면 그 안에 내가 하고 싶은 것들을 무엇이든 채워 넣을 수 있다. 내 경우 그러기 가장 좋은 시간이 새벽이었다.

새벽에는 정말 아무도 나를 방해하지 않는다. 광고 문자 하나 오지 않고, 세상에 나 혼자만 존재하는 것 같다. 일어나면 처음에는 멍하지만 잠이 깨고 나면 스펀지처럼 뭐든 흡수할 수 있는 상태가 된다. 내가 새벽을 좋아하는 가장 큰 이유는 몰입을 경험하기 때문이다. 어떨 때는 3시간이 30분도 안 되는 것처럼 느껴지기도 한다. 그만큼 새벽은 몰입하기에 최적의 상태다. 몰입하는 동안에는 내가 가진 에너지를 모두 쏟아내게 되고, 그러고 나면 이루 말할 수 없는 성취감을 느낀다. 평소에 잘 풀리지 않던 문제들도 새벽 시간에 몰입해서 하면 정말 쉽게 풀리는 경우가 많다.

그래서 나는 새벽 시간이 좋다. 어떤 시간과도 비교 불가한 시간이다. 나는 이 새벽의 시간을 만끽하기 위해 매일 저녁부터 기상을 준비한다. 이른 저녁을 먹고 최대한 조용하게 보낸다. 그러면 일찍 잠들 수 있고 숙면할 수 있다. 저녁마다 공을 들여 얻은 새벽 시간은 백억을 준다고 해도 바꿀 수 없을 정도로 귀하고 소중하다.

그렇게 새벽 시간을 보내고 출근하면 나도 모르게 활기가 넘치곤 했다. 사람들은 내게 이런 말을 자주 했다.

"어쩌면 매일 그렇게 활기가 넘치세요?"

그 말을 듣고 주변을 둘러보면 동료들은 모두 무표정에 피로에 찌들어 보였다. 나만 혼자 방실방실 웃고 있었다. '왜 이렇게 차이가 날까?'를 생각해보니 새벽 기상 때문이었다.

매일 새벽에 일어나서 딱 3시간, 가장 중요한 일을 끝마치고 회사로 출근한다. 3시간 동안 내 삶의 주인으로 마음껏 살다가 회사로 가는 것이다. 이때부터는 남을 위해 일하지만 예전처럼 억울하지 않다. 나의 하루 중 가장 양질의 시간을 나를 위해 쓰고 출근했기 때문이다. 회사 사람들 몰래, 가족들 몰래 나만의 무언가를 하고 있다는 느낌, 당장 명확한 미래가 보이지 않아도 그 느낌만으로 힘든 삶을 버틸 수 있었다.

당신은 왜 새벽에
일어나려고 하나요

내 이야기를 듣고 새벽 기상을 결심한 사람들에게 나는 반드시 이 질문을 한다.

"여러분은 왜 새벽에 일찍 일어나려고 하나요?"

왜 그들은 새벽 4시에 일어나려고 하는 것일까? 어떤 절실함이 있을까? 가장 많았던 대답은 더 잘살고 싶다는 것이었다. 지금보다 더 잘살고 싶은 마음, 나아지고 싶은 마음은 누구나 같다. 더 좋은 사람이 되고, 더 여유로워지고, 조금 더 욕심을 낸다면 부자가 되고 싶기도 하다. 부자라고 하지만 몇백억 재벌이 되려는 건 아니다. 그저 자신과 가족이 돈 걱정 없이 살 수 있을 정도면 된다.

절실한 사람들은 일찍 일어난다

내가 진행하는 새벽 모임에는 유독 3040 여성들의 참여가 많았다. 한 참여자는 남편이 하루빨리 직장을 그만두게 하고 싶어 새벽 기상을 하려고 했다. 알고 보니 남편이 하는 일이 정말 위험한 일이었다. 최근에도 누군가 그 일을 하다 사고를 당해 죽음을 맞이했다고 했다. 매일 출근하는 남편을 볼 때마다 마음이 불안하다는 그녀는 남편을 퇴사시키겠다는 목표를 이루기 위해 마음을 다잡고 공부한다고 했다.

두 번째로 많았던 이유는 '나'를 찾고 싶다는 것이었다. 우리는 태어나 학교에 다니는 동안에는 부모님이 시키는 대로 살아간다. 그리고 졸업 후 취직해서는 상사가 시키는 대로 살아간다. 결혼하고 아이를 낳는다면 이때부터는 누군가의 아내, 엄마, 며느리로 살아간다. 그 안에 나라는 사람은 없다. 그러다 어느 날 문득 '나는 누구일까?'라는 생각이 든다. 바로 내가 그랬다. 아이들이 너무 어릴 때는 아이를 키우느라 정신이 없었다. 아이들이 초등학교에 들어가고 어느 정도 마음에 여유가 생겼을 때가 마흔이었다.

마흔이 되자 '이렇게 살아도 될까?'라는 생각이 계속 들었다. '나는 누구이고 무엇을 좋아하는 사람일까?' 앞으로 남은 인생을 어떻게 살고 싶을지 처음으로 나 자신에게 질문했다. 뭔가 잘못 살아온 것 같은 억울한 감정이 들었다. 그전까지는 늘 다른 사람에게 묻고 그 답에 따라 살았다. 하지만 이제는 아니었다. 나 자신에게 질문해야 했고 그 답 역시 나만 알고 있는 것이었다.

가만히 있어도 서러워 눈물이 났다. 지금까지 나로 살지 못했다는 사실이 너무 안타까웠고 그런 내가 가여웠다. 나만 그랬던 것이 아니었다. 새벽 기상을 하는 사람 중에는 워킹맘이 많았다. 일하랴 육아하랴 꾸역꾸역 고된 삶을 살아내고 있었다. 그러다 과감하게 퇴사를 감행하고 1인 기업가로 사는 나를 보고 나와 같은 삶을 꿈꾸게 되었다고 했다.

지금까지 평생 주부로만 살아온 사람들도 있었다. 늘 남편이 벌어오는 돈을 아끼며 살아왔는데 이제는 경제적으로 독립하

고 싶다고, 남편에게 당당하게 용돈을 주는 삶을 살고 싶다고
했다. 하지만 어떻게 하면 그렇게 할 수 있는지 방법을 몰라 지
푸라기라도 잡는 심정으로 새벽 모임에 참여했다고 한다.

또 다른 참여자는 자녀가 내년에 초등학교에 입학한다고 했
다. 학원에서 강사로 일하고 있는데 자녀를 뒷바라지하기 위해
그만둘 예정이라고 했다. 하지만 그만두고 나서 무엇을 할지
너무 막막하다고 했다.

워킹맘들은 자녀가 유치원에 다닐 때까지는 큰 무리 없이 일
할 수 있다. 보통 유치원은 5시, 6시까지 맡길 수 있어 일하는
데 지장이 없다. 하지만 아이가 초등학생이 되면 점심을 먹어
도 12시에 마친다. 아이를 퇴근할 때까지 혼자 집에 둘지, 학원
으로 돌릴지 걱정된다. 요즘은 워낙 사건 사고가 많아서 여자
아이를 둔 엄마들은 더 불안하다.

이 시기에 많은 워킹맘이 그동안 쌓아온 경력을 버리고 퇴사
를 결정한다. 나 같은 경우는 다행히 휴직이 되어 1년 정도 아
이를 돌볼 수 있었지만 휴직을 쓸 수 없는 엄마들은 퇴사를 생
각할 수밖에 없다. 그러나 여기서 퇴사하면 말 그대로 '경단녀'
가 되는 것이다. 아이를 어느 정도 키우고 나서 다시 취직하고
싶어도 마음처럼 되는 일이 아니다.

어떤 이유로 새벽 모임에 참여하든 이곳에 모인 사람들의 공통점이 있었다. 바로 '절실함'이었다. 남편의 퇴사든, 나의 퇴사든 원하는 목표를 이루고 싶다는 절실함이 있었다. 그리고 그렇게 절실한 목표를 이루기 위해 달려갈 가장 좋은 시간이 새벽이었다.

우리는 각자 목표가 다르지만 한 가지 공통점이 있었다. 바로 자신과 가족이 행복해지기 위해 매일 새벽에 일어난다는 것이었다. 3개월간 새벽 기상에 한 번도 실패하지 않은 참여자도 많았다. 처음에는 새벽에 일어나는 것이 힘들었지만 그럴 때마다 자신과 가족이 행복해질 미래를 생각했다고 한다.

목표는 우리를 움직이게 한다.
그리고 그 시간을 견디게 해준다.

우리는 누구나 우리 자신으로 온전히 살아가고 싶어 한다. 새벽 시간에는 언제나 나 혼자가 될 수 있다. 혼자가 되면 그때서야 나라는 사람에 대해 생각하게 된다. 나라는 사람에 대해 매일 기록하면서 내가 정말 어떤 것을 하고 싶은지 알게 되고, 나를 점점 찾아가게 된다. 바로 이런 일을 마음껏 해볼 수 있는 시간이 새벽 시간이다. 나를 찾고 싶다면 새벽에 일어나보자.
하루하루가 희망으로 넘칠 것이다.

나와의 약속을 지키는
사람이라면

새벽에 일찍 일어나는 것이 얼마나 좋은지는 알지만 대부분 몇 번 시도하다 끝나곤 한다. 왜 그런 걸까? 그 이유는 너무 욕심을 부리기 때문이다.

예를 들어 내일부터 새벽 4시에 일어나기로 했다고 가정해 보자. 평소 아침 7시에 일어나던 사람이 곧바로 4시로 기상 시간을 당기면 몸이 적응하지 못한다. 아직 몸은 7시 기상에 적응되어 있는데 3시간이나 일찍 일어나려고 하니 도저히 감당할 수 없는 것이다. 그러고서 회사에 출근하면 오후부터 잠이 쏟아져 책상 앞에 제대로 앉아 있지 못할 정도가 된다. 그렇게 며칠 하다가 결국은 새벽 4시 기상이 엄두가 나지 않아 포기하고 만다.

나 역시 그랬다. 새벽 기상에 관한 책을 읽고 나서는 당장 다음 날부터 새벽 4시에 일어나겠다고 선언했다. 하지만 갑자기 기상 시간을 당긴 탓에 몸에 무리가 왔고, 직장에서도 일에 집중하지 못했다. 결국 새벽에 일어나지 못하게 되었다. 그런 일을 겪고 난 후에야 새벽 기상을 너무 갑자기, 너무 이른 시간에 하면 안 된다는 사실을 알게 되었다. 내 몸이 적응할 수 있는 시간을 줘야 했다.

평소 기상 시간이 아침 7시였기 때문에 처음에는 30분씩 당겨보기로 했다. 첫째 날에는 6시 30분에 일어났다. 직장에서 일하면서 컨디션이 어떤지 유심히 지켜봤다. 6시 30분 기상에 몸이 적응하는 것을 보고 6시로 당겼다. 6시 30분에 적응되었던 몸이 6시로 기상 시간을 당기자 컨디션이 조금 안 좋아지기 시작했다. 특히 오후 근무 시간이 너무 힘들었다. 일단 그럴 땐 바람을 쐬러 잠시 밖에 나갔다. 오전에 커피를 마시지 않고 오후에 커피를 마셨다. 이렇게 견디다 보니 어느새 6시 기상에도 적응할 수 있었다.

그렇게 최종 4시까지 기상 시간을 당겼다. 굳이 4시까지 기상 시간을 당긴 이유는 공부할 시간이 부족하다고 생각했기 때문이다. 새벽 5시에 기상하면 출근 준비를 하는 7시까지 딱 2시간 정도 공부할 시간이 주어진다. 새벽 기상을 하던 초반에는 이 시간도 충분하다고 생각했지만 부동산 공부와 글쓰기, 두 가지를 새벽 시간에 해야 했기 때문에 점점 시간이 부족하게 느껴졌다.

그러다 구본형 작가의《그대 스스로를 경영하라》라는 책을 읽게 되었다. 새벽 기상에 큰 도움을 받았던 부분을 아래에 소개한다.

특히 처음 2년간은 일찍 일어나는 것이 지속성의 성패를 결정할 만큼 중요하다. 습관이 되면 새벽 4시나 5시에 일어나는 것이 어려운 일이 아니다. 7시에 일어나는 것처럼 자연스럽다. 그 대신 저녁에 일찍 자는 습관을 길러야 한다는 점을 잊어선 안 된다.

사회생활을 하는 젊은 사람이 초저녁에 자는 시간을 맞추기는 어려울 것이다. 그러나 걱정하지 않아도 된다. 어쩌다 늦게 자게 되더라도 습관이 되면 새벽에 정해진 시간에 깨게 되어 있다. 이날은 절대 수면량이 부족하기 때문에 그다음 날은 가능하면 아무 약속도 만들지 않고 자연히 일찍 들어와 자게 되는 것이 상례이다. 수면 보충은 이런 자연스러운 사이클을 따르게 된다. 특별한 일이 있어 하루를 빼먹게 되면 다른 시간대를 택하여 잊지 말고 보충하는 것이 중요하다.

구본형 작가는 매일 새벽 4시에 일어나서 글을 썼다. 습관이 되면 새벽 4시나 5시 기상이 7시에 일어나는 것처럼 자연스럽다고 했다. 생각해보니 새벽 4시에 일어나면 매일 나에게 3시간이 주어지는 것이었다. 뭔가 3시간이라는 시간이 선물처럼 주어지는 듯했다. 해볼 만했다. 5시까지 유지했던 기상 시간을 4시까지로 당겼다.

이렇게 새벽 4시로 당기기까지 총 3개월 정도가 걸렸다. 나는 항상 어떤 것이든 습관으로 만들려면 딱 90일만 유지하면 된다고 생각한다. 그러다 보면 내 몸이 그 행동을 습관으로 여기고 예전처럼 힘들지 않다. 알람을 듣지 않아도 저절로 그 시간에 일어날 수 있게 된다. 그렇게 당겼던 새벽 4시 기상을 지금도 유지하고 있다.

일찍 일어나는 습관을 만드는 법

새벽 기상에 성공하고 일찍 일어나는 습관을 만드는 구체적인 방법 6가지를 소개한다.

1. 기상 목적을 분명히 하라

우선 왜 새벽에 일어나야 하는지 그 목적을 분명히 해야 한다. 나 같은 경우는 퇴사라는 절실한 목표가 있었다. 누구든 새벽에 일어나는 건 힘들다. 특히 추운 겨울철에는 새벽에 알람을 듣고 일어났다가도 다시 이불 속으로 들어가고 싶어진다. 그런 유혹을 물리치고 새벽에 일어나려면 반드시 이루고 싶은, 간절한 목표가 있어야 한다.

새벽 기상을 실행하기 전에 왜 새벽에 일어나려고 하는지 스스로 질문하고 답을 적어보자. 그 목표가 간절하면 간절할수록 새벽 기상에 성공할 확률은 커진다.

나는 **경제적 자유를 이루고 퇴사하기 위해** 일찍 일어납니다.

나는 _____ 일찍 일어납니다.

2. 최초의 5분을 버텨라

일어나서 처음 5분이 가장 중요하다. 그 5분에 새벽 기상의 성공과 실패가 결정된다. 새벽에 일어나서 보통 5분이 지나기 전까지는 잠이 깨지 않는다. 하지만 그 5분 안에 어떤 행동을 하면 잠에서 깰 수 있다.

나는 새벽에 일어나자마자 바로 화장실로 가서 양치를 한다. 양치를 열심히 하다 보면 잠이 깬다. 양치하고 세수를 한 후 바로 따뜻한 차를 한잔 우려서 책상에 앉는다. 이렇게 책상에 앉으면 저절로 그다음 단계로 나아갈 수 있다.

새벽 기상이 힘든 분들에게는 '알라미'라는 앱을 추천한다. 이 앱에서 알람이 울리면 스쿼트를 10개 해야 한다. 10개를 하지 않으면 알람이 꺼지지 않는다. 동작도 화면에 나오는 대로 정확하게 해야 한 개로 인정된다. 스쿼트 말고도 수학 문제 풀기, 핸드폰 흔들기, 기억력 게임, 사진 찍기 등 다양한 미션을 설정할 수 있다. 이렇게 알람을 끄기 위해 무언가 행동을 하다 보면 저절로 잠이 깬다. 매번 새벽 기상에 실패하는 분들에게 추천한다.

3. 일정을 미리 계획하라

잠들기 전 새벽에 해야 할 일을 미리 적고 자도록 한다. 다음 날 목록을 우선순위에 따라 적으면 그 일을 해야 하기 때문에 일어나게 된다. 그리고 새벽 시간을 더 효율적으로 활용할 수 있다.

처음에 나는 새벽에 일어나서 오늘 해야 할 일을 적었다. 그런데 이것을 적는 데만 30분 이상이 소요되곤 했다. 시간이 아까워 그 전날 저녁에 적기 시작했다. 이렇게 잠들기 전에 적으면 뇌는 그것을 기억한다. 그리고 그것을 하기 위해 더 잘 일어난다.

새벽 시간에 미리 적어둔 할 일 목록을 하나씩 하면서 지워나가 보라. 성취감을 느낄 것이다. 사람이 가장 행복해질 때는 성취감을 느낄 때가 아닐까. 흔히 돈이 있어야 행복해진다고 하지만 돈은 어느 정도 충족되면 더 이상 만족을 주지 못한다. 사람이 가장 행복해지는 건 성취감을 느낄 때라고 생각한다. 스스로 무언가를 이뤄냈다는 느낌 말이다.

이렇게 무언가를 이뤄냈다는 느낌이 좋아서 이미 목표를 이뤄냈음에도 또 다른 목표를 향해 계속 나아가는 사람도 있다. 바로 내 친정 엄마가 그렇다.

엄마는 곧 일흔을 앞두고 있다. 어릴 적 엄마는 6남매 중 장녀로 태어나 늘 학교는 뒷전이고 부모님을 도와 농사일을 해야 했다. 공부를 못 한 게 늘 한이었다는 엄마는 그래서인지 무언가를 배우려는 욕구가 강했다. 목표를 정하면 그것 하나만 파고들었고 결국은 해내곤 했다. 어느 날은 바리스타 2급 자격증을 따겠다고 선포하더니 마치 고시 공부하듯 공부했다. 걷기 운동을 하면서 한 손에는 바리스타 문제집을 들고, 귀에는 이어폰을 꽂고 강의를 들었다. 그렇게 열심히 공부한 엄마는 결국 바리스타 2급 자격증을 취득했다.

올해는 요양보호사 자격증까지 취득했다. 자격증을 딴다고 했을 땐 가족들이 힘든 일이라며 말렸다. 하지만 엄마는 스스로 돈을 벌어보고 싶다며 또다시 열심히 공부해서 요양보호사 자격증을 땄다. 엄마는 배우는 게 너무 즐겁다고 입버릇처럼 말한다. 그런 엄마를 보며 내가 그녀를 가장 많이 닮았다는 사실을 깨닫는다. 엄마도 나도 스스로 정한 목표를 이룰 때 더할 나위 없는 행복을 느낀다. 엄마는 지금 또 새로운 목표를 정했고 이를 달성하기 위해 분투 중이다.

4. 새벽 기상 동료를 찾아라

새벽 기상을 하다가 어느 날 문득 외롭다고 느꼈다. 혼자 하다 보니 하루씩 빼먹는 날이 생기기도 했다. 매일 나를 감시해 줄 수 있는 사람이 있다면 좋겠다고 생각했다. 처음에는 누군가 운영하는 새벽 기상 모임에 참여해볼까도 생각했다. 하지만 그런 모임은 이미 정원이 다 차서 기다려야 하거나 내가 추구하는 방향과는 다른 경우도 많았다. 나는 단순하게 새벽에 일어나서 인사를 나누고 각자의 일을 하기를 원했다. 그래서 직

처음에는 음악 잘 안들었는데 이젠 매일 세빛희님 올려주신 음악과 함께 합니다. 새벽시간 카페에 온 것 같아요~! 오늘도 감사합니다 ^^

오늘은 자버릴까 고민하다가 여러분들 덕에 힘내서 일어났어요~ 기분좋은 하루되세요 ^^

오늘이 고비였는데 채팅오는 소리로 일어났습니다^^이래서 함께하나봅니다!!^^모두 화이팅하세요!!

새벽 기상 인증 단톡방

접 새벽 모임을 만들어버렸다. 블로그를 통해 다섯 명 정도 모집했는데, 금세 인원이 차서 곧바로 단톡방을 만들었고 그렇게 새벽마다 인사를 나누는 모임이 생겼다.

사실 새벽 기상 모임이라고 해봐야 '굿 모닝'이란 한마디를 나누는 것뿐이지만 나 말고 이 새벽에 일어나는 사람이 있다는 든든한 기분, 더 이상 혼자가 아니라는 기분이 들었다. 그리고 하루라도 새벽 기상을 하지 못하면 왜 오늘은 일어나지 않았는지 참견해주고 감시해줄 수 있는 사람이 있다는 생각에 더 꾸준히 새벽 기상을 할 수 있었다.

5. 일단 일어나라

전날 늦게 잠들었더라도 기상 시간이 되면 일어나라. 일상을 살다 보면 저녁에 갑작스러운 일정이 잡히거나 회사 일로 야근해야 하는 경우도 생긴다. 평소보다 늦게 잠들면 새벽에 일어나는 것이 더 힘들어진다. 하지만 하루라도 새벽 기상을 빼먹으면 다음 날부터 성공할 확률이 현저히 낮아진다. 일단 편함을 맛보았기 때문이다.

나 역시 직장에 다닐 때 갑자기 회식이 잡히는 날이 있었다. 당연히 다음 날 새벽에 일어나기 힘들었다. 그래도 어떻게든 새벽에 일어나려고 했고, 평소보다 늦게 일어나더라도 단 5분이라도 책상에 앉았다가 출근하려고 했다. 그렇게 해야 다음 날 다시 책상에 앉을 수 있기 때문이다. 평소보다 잠이 부족할 땐 점심시간을 활용했다. 점심을 일찍 먹고 차 안이나 직원 휴게실 같은 곳에서 낮잠을 잤다. 그렇게 자고 나면 훨씬 몸이 개운해졌다.

지금도 낮잠은 꼭 자려고 한다. 낮잠은 짧게는 10분에서 길게는 30분 정도 잔다. 새벽 4시부터 7시까지 공부와 연구에 집중하고 오전 운동, 유튜브 대본 작성 및 촬영, 글쓰기 같은 중요한 작업들을 하다 보면 에너지가 금세 소진된다. 우리가 하루에 쓸 수 있는 에너지양은 한정적이다. 그래서 꼭 낮잠으로 충전해야 한다. 그렇게 잠시라도 자고 나면 금세 컨디션이 좋아져서 잠들기 전까지 버틸 수 있다.

6. 자신감을 갖고 포기하지 마라

나와의 약속을 지키면 자신감이 상승한다. 한번은 새벽 기상을 하는 분들에게 일찍 일어나서 가장 좋았던 점은 무엇이냐고 물어봤다. 그들은 입을 모아 이렇게 대답했다.

"나와의 약속을 지켰다는 생각에 자신감이 올라갔어요."

요즘처럼 금리가 오르고 자산 가격은 내려가는 시기, 취업도 잘 안 되고 하는 일마다 실패하는 이런 힘든 시기에 무엇보다 중요한 것은 자신감이다. 새벽에 일어났다는 것, 나와의 약속을 지켰다는 것만으로도 자신감은 오를 수 있다.

예전에 나는 정말 자신감이 없었다. 외모, 스펙 뭐 하나 내세울 게 없었고 늘 땅바닥만 보고 다녔다. 그렇게 자신감 없던 내가 새벽에 일어나면서 달라지기 시작했다. 누가 뭐라든 나는 매일 나와의 약속을 지켰기 때문이다. 나는 나를 더 신뢰하게 되었고 내가 뭐든 할 수 있는 사람이라고 인식하게 되었다.

나와의 약속을 지키는 사람은 뭐든 할 수 있다. 우리가 실패하는 이유는 포기하기 때문이다. 자기에게 옳은 방향으로 꾸준히 나아가면 누구나 성공할 수 있다. 하지만 우리는 빨리 성과가 보이지 않으면 포기하고 만다. 그래서 실패를 하게 된다.

매일 새벽 나와의 약속을 지키는 사람은 단기적인 성과에 집착하지 않는다. 매일 약속을 지키면서 작은 목표들을 달성하고 결국 성공한다.

성공은 단순하다. 포기하지 않는 것이 곧 성공이다.

역으로 생각해보면 새벽 기상에 실패하는 이유 또한 단순하다. 너무 단기간에 성공하고 싶은 욕심 때문이다. 어떤 일을 하든 장기적으로 생각할 필요가 있다. 투자할 때도 단기적인 수익에 집착하는 사람은 곧장 수익이 나지 않으면 쉽게 매도해버린다. 그 물건의 가치를 보지 못하기 때문이다. 하지만 가치가 있는 물건은 시간이 지날수록 그 가치가 상승하고 수익이 극대화된다.

새벽 기상도 마찬가지다. 길게 생각하면 된다. 오늘은 10분만 앞당겨도 된다. 내일은 거기서 딱 10분만 더 앞당겨보자. 그렇게 하다 보면 곧 원하는 시간에 일어나게 된다. 매일 조금씩 나의 한계를 넘어보자.

새벽 1시간은
오후 3시간과 같다

매일 새벽 기상을 하고 있다는 내 글에 어떤 분이 이렇게 댓글
을 달았다.

"오후에 시간을 더 쓰면 되는데 굳이 힘들게 새벽에 일어날

필요가 있나요?"

이렇게 묻는 사람은 시간의 질에 대해 깊이 생각해본 적이
없을 것이다. '시간의 질'이라니, 무슨 말인지 잘 이해되지 않

는 사람들도 있을 것이다. 예전에는 나도 시간은 모두 똑같다고 생각했다. 그러니 굳이 힘들게 새벽에 일어날 필요가 없다고 말이다.

하지만 매일 글쓰기를 하면서 그런 생각이 완전히 잘못되었다는 걸 알게 되었다. 오후 시간대에 글을 써보려고 했는데 도무지 생각이 떠오르지 않아 한참 빈 화면만 쳐다본 적이 한두 번이 아니었다. 그러다 아침에 글을 써봤는데, 오후와는 비교도 되지 않게 술술 글이 써졌다. 무엇보다 잡다한 생각이 들지 않았다. 이런 경험을 한 뒤부터는 중요한 일들은 새벽부터 오전까지의 시간 안에 모두 끝내버리는 것을 일과로 정했다.

물론 사람마다 생산성이 극대화되는 시간대는 다르므로, 가장 효율적인 자기만의 시간대를 찾는 것이 중요하다. 하지만 일단 이 책을 펼친 만큼 나를 믿고 새벽의 기적을 경험해보자. "나는 아침이 너무 힘들어"라며 쉽게 포기하지 말고, 저녁에 일찍 잠들고 새벽에 일어나 상쾌하고 의욕이 솟아오르는 하루의 첫 시간을 느껴보자. 전에 몰랐던 몸의 리듬을 새롭게 발견할 것이다.

생산성에도 골든타임이 있다

새벽 1시간과 오후 1시간은 질적으로 다르다. 양으로 따지면 새벽 1시간은 오후 3시간과 같다고 할 수 있다. 이에 대해서는 뇌과학자들도 증명한 바 있다. 새벽에 깨어나서부터 3시간 동안은 '골든타임'이라 할 수 있을 정도로 뇌가 활발히 움직이는 시간이다. 물론 반드시 3시간일 필요는 없으며 집을 나서기 전까지 아무에게도 방해받지 않는 시간이면 좋다.

모기 겐이치로는 《아침의 재발견》에서 우리의 뇌는 아침에 깨어나는 순간부터 체내에 아데노신adenosine이라는 수면을 촉진하는 물질이 쌓이기 시작한다고 설명한다. 아데노신은 우리가 깨어 있는 동안 계속 축적되다가 밤에 충분히 잠을 자고 나면 말끔히 청소된다. 그래서 잠에서 깨어난 직후의 뇌는 가장 활발하게 움직일 수 있는 조건에 놓인다. 새로운 정보를 받아들일 만반의 준비가 되는 것이다. 새벽 1시간이 오후 3시간과 같은 효과를 내는 이유다.

《몰입》의 저자 미하이 칙센트미하이가 주장한 '플로우Flow', 즉 몰입 역시 새벽 시간의 중요성을 알게 해준다. 플로우는 사람들이 다른 일에는 아무 관심이 없을 정도로 지금 하는 일에 푹 빠진 상태를 말한다. 이런 경험 자체가 너무 즐거워 어지간한 고생도 감내하면서 그 행위를 하는 것이다. 새벽 기상을 하게 되면 최적 상태의 뇌를 활용해서 플로우를 늘 경험할 수 있다. 어느 시간대보다 몰입이 잘 되기 때문이다. 새벽에 매일 일어나는 것은 어지간히 힘든 일이 아니다. 하지만 일어나기만 하면 이런 몰입을 경험하고 만족감을 극대화할 수 있어 어떻게든 일어나려고 한다.

따라서 새벽 시간에 하는 일과 그 외 시간에 하는 일은 달라야 한다. 나는 새벽과 그 외의 시간대를 구분해서 사용한다. 새벽에는 집중이 잘 되기 때문에 기획, 원고 작업 등이 적합하다. 이 시간에는 창의적인 생각들로 가득 차 있다.

그러나 오후 시간은 서류 및 계약 정리 등 사무적인 업무를 할 때 더 효율적이다. 이러한 생산성의 바이오리듬은 모두가

새벽 시간에 하는 일	그 외 시간에 하는 일
• 글쓰기 • 강의 교안 만들기 • 기획하기 • 유튜브 촬영하기 등	• 업무 관련 미팅하기 • 임장하기 • 강의하기 • 살림하기 등

나의 하루 일과

다를 것이다. 다양한 시도를 해보면서 자신만의 시간대를 찾아 나가면 된다.

새벽은 기획하는 시간이다

나는 글 쓰는 작업은 꼭 새벽에 한다. 특히 책을 쓸 때는 아무 방해도 없어야 한다. 맥락을 잃지 않으려면 고도의 집중력이 필요하기 때문이다. 또한 원고 작업은 마감이 있기에 특정 시간을 정해서 쓰는 것이 가장 효율적이다. 그래서 늘 새벽 시간에 하고 있다. 현재까지 두 권의 책을 출간했다. 그 책 모두 새벽에 썼다. 한 번도 마감 시한을 어겨본 적이 없으며 늘 마감 시한보다 일찍 제출했다. 그렇게 한 이유는 일에 쫓기는 기분을 느끼기 싫었기 때문이다.

흔히 글 쓰는 사람들, 작가들은 마감 시한에 쫓기곤 한다. 글 감은 떠오르지 않고 마감은 다가오고 진퇴양난에 빠진다. 하지만 나는 새벽 시간을 활용하면서 걱정이 없었다. 어떤 시간대보다 아이디어가 잘 떠오르기 때문에 그냥 써나가기만 하면 되었다. 늦게 잠드는 날에도 어떻게든 새벽 4시에 일어나 원고를 썼다. 덕분에 책 쓰는 작업이 두렵지 않았고 지금도 이렇게 세 번째 책을 쓰고 있다.

기획과 관련된 일도 새벽에 한다. 1인 기업가로 살다 보니 혼자 기획해야 할 일이 많다. 이런 작업은 창의력이 필요하기 때문에 새벽 시간에 해야 한다. 예를 들어 유튜브는 꾸준히 영상을 올려야 하는데 어떤 영상을 올릴지, 어떤 제목과 섬네일로 할지 매일 정해야 한다. 유튜브를 4년 가까이 해오다 보니 요즘은 주제를 정하는 것이 가장 어렵다. 지금까지 올린 영상들을 분석하며 조회수가 많고 구독자 유입이 상대적으로 많은 것을 선택한다.

유튜브 제목과 섬네일도 정말 중요하다. 제목과 섬네일이 구독자의 관심을 끌어야 영상을 보러 들어오기 때문이다. 선물의 포장지와 같다고 보면 된다. 포장이 예쁘면 일단 열어서 보기라도 하지만 그렇지 않으면 열어보지도 않는 것이 대중의 심리다.

새벽은 생산하는 시간이다

유튜브 촬영도 새벽에 주로 한다. 새벽에 유튜브 원고를 작성하고 화장과 머리 손질을 한 후 촬영까지 마친다. 한번은 오후나 저녁에 촬영해본 적이 있었다. 대본을 작성했음에도 생각이 잘 떠오르지 않았다. 엎친 데 덮친 격으로, 촬영하고 있는데 택배기사가 벨을 누르기도 하고 아이가 간식을 달라고 문을 벌컥 열기도 했다. 그렇게 흐름이 끊기면 다시 촬영하기가 쉽지 않다. 하지만 새벽 시간을 활용하면 아무 방해도 받지 않고 최대한 빨리 촬영을 마칠 수 있다. 원고에 적지 않은 내용들도 술술 나온다.

강의 자료 만들기도 새벽 시간에 한다. 본업으로 부동산 교육을 하고 있으니 정기적으로 강의 자료를 업데이트하거나 새로 만들어야 한다. 이런 작업도 새벽에 집중해서 해야 최대한 빨리 끝낼 수 있다. 거의 1년이 넘는 시간 동안 지역 분석 스터디를 운영했다. 한 달에 한 지역씩 흐름 분석부터 지역 분석, 아파트 분석까지 종목을 망라해서 투자처를 찾아내는 과정이었다. 매달 한 지역을 전수 조사하는 일이 쉽지는 않았지만 늘 새벽 시간에 분석 자료를 만들었다.

내 블로그 이웃인 미라클리치 님은 새벽 시간을 이용해서 경제 기사를 정리했다고 한다. 사람들에게 경제 기사를 최대한 쉽게 설명하기 위해 매일 내용을 요약해서 블로그에 정리한 것이다. 이 작업은 1차적으로는 그 글을 읽는 사람들에게 도움이 되지만 가장 도움이 되는 사람은 바로 자기 자신이다. 그냥 읽고 지나갈 수 있는 경제 기사를 누군가에게 설명하기 위해 정리하고 그 안에 자기 생각을 담다 보면 경제를 바라보는 나만의 인사이트가 생긴다.

미라클리치 님은 새벽 시간에 경제 기사를 꾸준히 요약한 덕분에 경제 기사 스터디를 할 수 있게 되었다고 했다. 참여 비용은 3,000원 정도지만 처음으로 월급이 아니라 활동을 통해 돈을 벌어본 것이기에 의미가 더 크다고 말했다. 새벽에 경제 기사 하나만 제대로 읽고 정리해도 이렇게 수익 모델을 만들 수 있다. 미라클리치 님은 최근에 부자 습관 프로젝트도 시작했다고 한다.

손사댁 님은 육아휴직을 하고 직장에 복귀했다. 복직 후 피로가 쌓이고 나태해지는 자신을 보면서 변화를 결심했다고 한다. 그렇게 막연히 자신의 삶을 변화시키겠다는 생각으로 내가 진행하는 새벽 모임 '세부루(세빛희와 함께하는 부자 되기 루틴 만들기)'에 참여했다. 그러면서 세부루 라이브 시간에 발표를 지원하는 등 하나씩 자신의 허들을 깨나가기 시작했다.

그녀는 내 조언대로 새벽 시간에 짬을 내 유튜브 쇼츠를 시작했는데, 두 달 만에 구독자가 6,000명이 되었다. 하지만 사정상 유튜브를 비공개한 후 다시 공개했더니 구독자가 0명이 되었다. 손사댁 님은 여기에 좌절하지 않고 다시 0명부터 시작하기로 했다. 예전에는 방법을 몰라서 헤맸지만 이제는 그동안의 성공 경험이 누적돼 반드시 된다는 생각으로 집중하면 언제든 성공할 수 있다는 것을 알기 때문이다. 오늘도 매일 새벽 그녀는 유튜브 쇼츠를 업로드하며 1인 기업가로서 날아오를 준비를 하고 있다.

새벽은 생각하는 시간이다

새벽은 생각을 정리할 수 있는 시간이다. 나는 새벽에 일어나면 하얀 스케치북을 꺼내 가장 먼저 내가 무엇을 하고 싶은

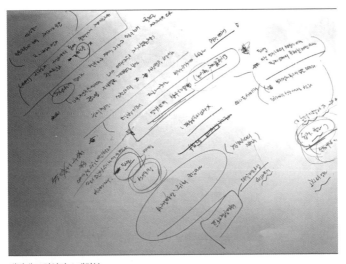

새벽에 끄적였던 스케치북

지를 적는다. 스케치북에 쓰는 이유는 줄이나 칸처럼 생각을 방해하는 한계가 없기 때문이다. 형식에 맞지 않아도 *끄적끄적* 내 생각을 적는다.

처음 새벽에 일어났을 때는 사람들에게 동기부여를 주는 강사가 되고 싶다고 적었다. 그리고 매일 동기부여에 대한 글을 썼다. 하지만 그렇게 글을 써도 워낙 인지도가 없다 보니 내 글을 좋아하는 사람들이 많지 않았다. 그래도 포기하지 않고 내 생각과 감정을 꾸준히 적어 내려갔다.

'사람들은 무엇을 원할까?'

'내가 타인의 문제를 해결해줄 수 있는 건 무엇이 있을까?'

'내가 타인보다 조금 더 잘하는 건 무엇일까?'

'나는 도대체 누구일까?'

텅 빈 스케치북에 내가 잘하는 것들을 적기 시작했다. 부동산 투자를 본격적으로 시작하기 전, '부동산'이라는 키워드를 떠올렸을 때는 내가 이 분야에 뛰어난 편이 아니라고 생각했다. 그러나 여타 투자자들처럼 썩 뛰어나지 않아도 사람들이 돈 때문에 겪는 어려움을 어느 정도는 해결해줄 수 있다고 자신했다. 그렇게 부동산이라는 주제로 꾸준히 글을 써 내려가기 시작했다.

부동산이라는 분야로 브랜딩을 하고 나서는 다시 고민이 되었다. 원래 하고 싶었던 건 동기부여와 자기계발 분야였기 때문이다. 매일 새벽 내가 어떤 방향으로 가야 할지 적고 또 적었다. 자기계발 분야로 나아가기 위한 새벽 기상 프로젝트와 블로그 글쓰기 강의를 기획하고 실행했다. 이런 과정들이 가능했던 것은 새벽 시간에 내 생각을 매일 꾸준히 정리했기 때문이다.

세상에 완벽한 사람은 없다. 우리는 매일 수많은 고민을 하고 수많은 생각을 한다. 하지만 생각들을 매일 정리하지 않으면 그 안에 아무리 멋진 보석이 있다 해도 찾아낼 수 없다. 새벽 시간에 지금 내가 하는 생각들을 글로 표현해보면 내가 정말 무엇을 하고 싶은지 방향을 잡아갈 수 있다.

결국 시간 관리다

새벽 시간의 질적 우위에 대해 알게 되면 저절로 시간 관리가 된다. 우리 모두에게는 매일 24시간이 똑같이 주어진다. 하지만 그중 90퍼센트는 매일 똑같은 인생을 살고, 10퍼센트는 꿈을 이루며 성공한 인생을 산다.

도대체 무슨 차이가 있는 것일까? 결국 차이는 시간 관리다. 시간 관리의 핵심은 우선순위를 정하는 것이다. 일의 중요도와 시급성을 기준으로 우선순위를 정한 후 우선순위가 높은 일들은 새벽 시간에 하라. 새벽 시간에 우선순위가 높은 일을 하고 나면 일단 일에 쫓기지 않는다. 오후에는 우선순위가 상대적으로 낮은 일을 여유롭게 해나가면 된다. 이렇게 하면 마감 시한을 어긴다거나 약속을 저버리는 일이 없다.

약속을 자주 어기면 신뢰를 잃게 된다. 특히 나처럼 1인 기업가들은 신뢰가 있어야 사람들이 계속 함께 일하고 싶어 하고 내가 기획하는 프로젝트들을 이용해준다. 내 말이 의심된다면 꼭 새벽과 오후에 똑같은 일을 해보라. 시간의 질적 차이에 대해 절실히 느낄 것이다.

성공을 부르는
모닝 루틴

새벽 기상을 꾸준하게 하려면 나만의 아침 루틴을 만드는 것이 좋다. 루틴을 따르기 위해 더 쉽게 일어날 수 있기 때문이다. 팀 페리스가 쓴 《타이탄의 도구들》이라는 책에는 '승리하는 아침을 만드는 5가지 의식'을 소개하고 있다.

1. 잠자리 정리하기
2. 명상하기
3. 스트레칭 동작 한 가지를 5~10회 반복하기

4. 차 마시기

5. 아침 일기 쓰기

어떤 루틴을 만드느냐는 각자 정하기 나름이다. 중요한 것은 그 루틴을 얼마나 성실히 지켰느냐다. 모두 해내지 못하더라도 좋다. 단 하나라도 해내면 자신의 행동을 통제했다는 성취감으로 하루를 성공적으로 보낼 수 있다.

새벽의 성공을 하루의 성공으로

지금도 매일 꾸준히 지키고 있는 나의 새벽 기상 루틴을 소개하면 다음과 같다.

우선 새벽 4시에 일어나면 알람을 끄고 잠자리를 정리한다. 잠자리를 정리한다고 해서 호텔처럼 반듯하게 각을 잡아가며 해야 하는 건 아니다. 이부자리를 정리하는 행위 자체가 중요하다. 그날 하루를 내가 통제하는 것으로 시작한다는 의미다. 작은 행동이지만 이로써 성취감을 느낄 수 있다. 이부자리를 정리하는 데는 1분도 걸리지 않는다.

이부자리 정리를 한 후에는 화장실로 가서 양치한다. 양치를 하는 것은 잠을 깨기 위해서다. 멍한 상태에서 양치하다 보면 어느새 잠이 깬다. 칫솔은 전동칫솔을 추천한다. 전동칫솔은 손을 움직이지 않고 가만히 있어도 깨끗하게 양치를 해준다. 양치하면서 머릿속으로 오늘 새벽에 해야 할 일을 떠올린다. 그렇게 하면 한 번 더 일정을 확인할 수 있어 고민하지 않고 바로 일에 돌입할 수 있다.

그런 후 세수를 한다. 보통 미지근한 물에 세수하지만 양치했는데도 잠이 깨지 않는 날에는 찬물에 세수하기도 한다. 이렇게 하면 일단 잠이 확실히 깨기 때문에 다시 이불로 돌아갈 확률이 낮다. 새벽 기상에 실패하는 이유 중 하나가 일어났다가 다시 이불로 돌아가는 것 때문이다.

이제 정신을 좀 차렸으면 부엌에 가서 차를 끓인다. 주로 따뜻한 차를 마시는데 마음을 안정되게 해주기 때문이다. 보통 보리차, 허브티, 버섯차, 꿀차를 많이 마신다. 커피는 공복에 좋지 않기 때문에 아침 식사를 한 후 마시는 편이다.

새벽에는 공복을 최대한 유지하려고 한다. 예전에 새벽에 배가 고파서 간식을 먹은 적이 있는데 배가 부르니 잠이 쏟아졌다. 그 후부터는 절대 새벽에 간식을 먹지 않는다. 정말로 배가 고플 땐 초콜릿 하나, 사탕 하나 정도 먹는다. 단것을 먹으면 몸속 도파민 분비를 촉진해 집중력을 높이는 효과도 있다. 그래서 새벽 시간에는 가능하면 공복을 유지하려고 노력한다.

컴퓨터를 켜고 가장 먼저 하는 일은 좋아하는 음악을 고르는 것이다. 주로 팝송이나 피아노 음악을 많이 듣는다. 유튜브에는 플레이리스트로만 운영하는 채널이 많다. 그리고 유튜브로 음악을 들으면 알고리즘이 내 음악 취향을 인지하고 비슷한 음악 채널을 추천해준다. 새벽 시간에 음악을 들으면 감성이 되살아난다. 그래서 글을 쓸 때 음악을 들으면 글이 말랑말랑해지고 글자 하나하나에 감정이 담긴다. 그렇게 쓴 글이 독자의 마음에 더 가닿는 것 같다.

어떤 분들은 음악을 듣는 것이 집중에 방해가 된다고도 한다. 하지만 나는 음악을 들으면서 위안을 받았다. 새벽에 혼자 일어나 일할 때 가장 많이 느끼는 감정은 외로움이다. 세상에 나 혼자 존재하는 것 같고 마음이 공허해진다. 이럴 때 나를 위로해줄 수 있는 것이 음악이다. 너무 시끄러운 음악보다는 조용한 음악들이 나 혼자가 아니라는 위안을 주고 나의 감정들을 어루만져 준다. 좋아하는 음악은 유튜브에서도 재생 목록에 저장할 수 있다. 그렇게 조금씩 모은 음악들은 언제든 꺼내어 쓸 수 있는 감정의 촉진제가 되어준다.

그런 다음에는 감사 일기를 쓴다. 감사 일기는 전날 있었던 일을 생각하며 쓴다. 그 일을 겪는 순간에는 감사한 일인지 아닌지 판단하기 어렵다. 하지만 돌이켜 생각하면 감사한 일들이 정말 많다. 우리가 당연하게 여긴 것들이 사실은 당연하지 않은 것이고 정말 감사하다는 것도 알게 된다.

감사 일기를 통해 내가 가장 감사한 사람은 남편이라는 사실을 발견하게 됐다. 남과 남이 만나 부부가 되고 평생을 함께 살아간다는 것은 쉬운 일이 아니다. 그리고 결혼 생활은 행복한 일보다는 힘든 일이 더 많다고 생각한다. 부부 두 사람뿐만 아니라 집안 문제, 자녀 문제, 경제적 문제 등 고려해야 할 것들이 정말 많기 때문이다. 수많은 결정을 함께 해나가는 과정에서 갈등이 생기기도 하고 서운한 감정이 들기도 한다. 그게 쌓이고 쌓이다 보면 세상에서 제일 미운 사람이 남편이 된다.

나 역시 그랬다. 기대를 많이 하다 보니 실망도 컸고 남편을 미워하기도 했다. 하지만 감사 일기를 쓰면서 가장 감사한 사람이 남편으로 바뀌었다. 기대를 낮추고 남편을 다시 보니 하나하나 감사하지 않은 것이 없었다. 주말에 장거리 임장도 마다하지 않고 운전대를 잡아주었고, 직장에서 아무리 힘들어도 내색하지 않고 견뎌주었다. 혹시 내게 좋지 않은 댓글이 달릴까 봐 시간이 날 때마다 검색창에 내 이름을 검색해주었고, 내가 바쁠 땐 방문을 조용히 닫아주고 아이들과 놀아주거나 집 청소를 했다. 그런 행동들이 당연하다고 생각했지만 감사 일기를 쓰면서 정말 감사한 일이라는 걸 알게 되었다.

새벽에 쓰는 긍정 확언도 모닝 루틴을 유지하는 데 힘이 된다. 이루고 싶은 게 있을 땐 늘 긍정 확언으로 바라는 바를 이뤘다고, 최대한 구체적으로 적었다. 예를 들어 퇴사를 결심했을 땐 '5년 뒤 퇴사를 했고 1인 기업가로 살았다'라고 적었다. 부자가 되고 싶다고 생각했을 때는 '2022년 나는 매월 500만 원 이상 벌게 되었다'라고 적었다. 강의를 론칭할 때마다 '2023년 1월 블로그 강의는 공지하자마자 바로 마감되었다'라고 적었다. 유튜브 구독자가 정체될 땐 '2024년 2월 구독자 10만 명이 되어 실버 버튼을 받았다'라고 적었다. 내가 매일 새벽마다 쓰고 읽는 긍정 확언의 공식은 다음과 같다.

꿈을 이룬 시기 + 과거형 목표

- 지금으로부터 5년 뒤 나는 퇴사를 했고 1인 기업가로 살았다.
- 2022년 나는 매월 500만 원 이상 벌게 되었다.

・2024년 2월 구독자 10만 명이 되어 실버 버튼을 받았다.

어떤 일이든 당장 결과를 알 수는 없다. 하지만 이왕이면 긍정적으로 생각하는 게 좋다. 정말 신기한 것은 긍정 확언으로 적은 것들은 대부분 이뤄졌다. 정말로 퇴사하게 되었고 월급과는 비교도 안 될 만큼 월수익을 높일 수 있었다. 몇 달을 고민하며 공지한 블로그 강의는 이틀 만에 마감되었고 유튜브 구독자는 10만 명을 향해 달려가고 있다.

나는 늘 목표를 이룬 것처럼 나 자신을 각인시키려고 했다. 직장 생활을 할 때 상위 기관으로 가려면 시험을 쳐야 했는데 그럴 때면 남편과 함께 그 기관의 건물 앞에서 사진을 찍었다. 그리고 사진을 인화해서 독서실 책상에 붙여두고는 '시험에 합격해서 그곳에서 일하고 있다'고 매일 상상했다. 덕분에 정말 시험에 합격해서 그 기관에서 일하게 되었다. 이런 나를 보고 오랜 친구가 이런 말을 한 적이 있다.

"넌 항상 이루고 싶은 것들은 다 이루고 사는구나."

생각해보니 정말 그랬다. 하지만 누구나 그렇게 될 수 있다.

매일 긍정 확언을 적으면 정말로 이룰 수 있다. 끌어당김의 힘이니, 긍정 에너지의 법칙이니 이런 종류의 것들이 아니다. 마음먹은 것을 매일 되새기다 보면 무의식적으로 모든 선택을 내가 간절히 바라는 방향으로 하게 된다. 그 작고 사소한 선택과 행동들이 모여서 내가 원하는 '나'가 된다.

모닝 루틴은 자기에게 맞는 방식으로 얼마든지 바꿀 수 있다. 아침에 주어진 3시간은 무엇이든 할 수 있는 시간이다. 너무 고민하지 말고 일단 하나씩 해봤으면 한다. 해보다 맞지 않으면 다른 것으로 바꾸면 된다. 사람들이 아무리 좋다고 하더라도 나에게 맞지 않으면 아무 소용이 없다. 이제부터 나만의 모닝 루틴을 탐색해보자.

아침에 저녁을 양보하기

새벽 루틴을 정착시키기 위해서는 저녁 루틴도 중요하다. 예를 들면 일찍 일어나기 위해 저녁에는 최대한 일정을 잡지 않는 것이다. 만약에 저녁에 회식이나 친구와의 술 약속이 있다고 하면 다음 날 새벽 기상은 실패할 확률이 높다. 나는 새벽 기상을 결심한 후부터는 저녁에 일정을 잡지 않았다. 저녁의 삶을 적극적으로 줄였고 정말 소중하고 중요한 사람들만 만났다. 친구들이 가끔 저녁에 차 한잔 마시자고 연락이 와도 핑계를 대며 만나지 않았다.

그 이유는 처음에는 '1시간만 이야기하고 와야지'라고 생각하지만 막상 만나면 시간이 초과되는 경우가 비일비재하기 때문이다. 그리고 친구와 했던 이야기가 계속 머릿속에 남아 잠도 쉽게 들지 못한다. 나는 새벽 기상을 결심하고는 저녁에 전화 통화도 하지 않았다. 자연스럽게 친구들과의 관계가 소원해졌다. 하지만 기존의 모든 관계를 유지하면서 원하는 것을 이룰 수는 없다. 어떤 것이든 희생이 뒤따른다. 나는 그동안 이어오던 관계를 줄인 대신 새벽 시간을 얻었다. 그렇게 되면 정말 내 인생에 중요한 것들만 남는다.

저녁 식사도 오후 6시에 마쳤고 배가 부를 만큼만 먹었다. 너무 늦게 식사하거나 과식을 하게 되면 속이 좋지 않아 빨리 잠들지 못했다. 저녁 메뉴도 최대한 속이 편한 것으로 정했다. 한식이나 샐러드류를 먹거나 삶은 고구마 같은 것으로 간단하게 먹기도 한다.

새벽 기상을 하려면 전날 저녁부터 이런 준비 작업이 필요하다. 미리 환경만 잘 조성해놓아도 다음 날 새벽에 쉽게 일어날

수 있다. 누군가는 '이렇게까지 하면서 새벽 기상을 해야 하나'
라고 할 수도 있다. 하지만 내게 새벽이라는 시간은 내가 원하
는 것을 모두 이루게 해준 마법의 시간이었다. 이 정도 희생도
없이 얻으려고 한다면 너무 욕심을 부리는 것일 수도 있음을
기억했으면 한다.

기적이 이뤄지는
장소를 마련하라

어릴 때 나만의 공부방을 갖는 게 소원이었다. 초등학교 때 방이 두 개인 20평짜리 낡은 아파트에 살았는데 방 하나는 부모님과 남동생이 썼고 나머지 방 하나는 언니와 나, 사촌 언니가 함께 썼다. 공부는 거실 바닥에 엎드려서 했다. 중학생, 고등학생이 되어서도 언니와 함께 방을 쓰다 보니 집에서 공부하기가 힘들었다. 아파트 안에 있는 독서실을 이용하면서 다짐했다. 나중에 어른이 되어 내 집을 갖게 되면 나만의 공간을 꼭 마련하겠다고 말이다.

그러다 첫 집을 갖게 되었다. 방이 세 개였지만 아이들이 어리다 보니 짐이 너무 많았다. 아이들 책방과 놀이방을 만들어주고 나니 내 책상을 넣을 곳이 없었다. 그래서 새벽에 일어나면 부엌 식탁에서 공부했다. 결혼할 때 친정 엄마가 사주신 식탁이었는데 의자도 딱딱한 나무로 되어 있어 조금만 앉아 있어도 엉덩이가 아프기 일쑤였다. 그래도 혼자서 공부할 곳이 있다는 데 감사할 따름이었다.

두 번째 집을 보러 갔을 때다. 원래는 방이 세 개였는데 알파룸까지 있어서 총 네 개의 방이 있는 집이었다. 아이들에게 방을 하나씩 만들어줘도 내 공간이 하나 생기는 것이었다. 처음 그 집을 보러 갔을 때 현관문을 열자마자 보이는 곳이 알파룸이었다. 벽면 두 곳에 큰 창문이 자리해 햇볕이 정말 잘 들어왔다. 여기에 내 책상과 책장을 두고 매일 공부하는 상상을 했다.

그리고 그곳은 정말로 내 작업실이 되었다. 새벽에 일어나면 바로 양치와 세수를 하고 차 한잔을 들고 작업실로 향한다. 그러고는 3시간 동안 나오지 않는다.

새벽 4시에 창밖을 바라보면 칠흑같이 캄캄하고 아무것도 보이지 않는다. 가끔 쓰레기 청소차가 와서 쓰레기를 비우는 소리만 들릴 뿐이다. 이럴 땐 쓸쓸하기보다는 왠지 모를 승리감이 느껴진다. 다른 사람들은 모두 잠들어 있지만 나는 지금 이렇게 공부를 하고 있다는 승리감. 그래서 더 열심히 공부하게 된다.

해가 뜨면 창밖으로 산이 보이는데 봄에는 벚꽃이 흐드러지게 핀다. 매일 꽃과 산을 바라보면 절로 힐링이 된다. 새벽부터 공부하다 보면 눈이 피로해지곤 하지만 눈을 들어 멀리 산을 바라보면 눈도 편안해지고 마음도 함께 편안해진다.

나만의 공간이 반드시 필요한 이유

나만의 공간이 있으면 좋은 점이 많다. 일단 공부할 수밖에 없는 환경이기 때문에 루틴을 만들기 쉽다. 만약 이런 공간이 없다면 새벽에 일어나서 공부할 수 있는 책상을 마련해야 하고 내게 맞게 세팅해야 한다. 하지만 일정한 공간이 있으면 바로 앉아서 공부를 시작할 수 있다.

매일 공부하는 습관을 만들려면 작은 것 하나도 그냥 넘길 수 없다. 나 같은 경우는 책상 위에 아이맥, 맥 노트북, 아이패드, 아이폰이 늘 올려져 있다. 강의 자료를 만드는 작업이나 유튜브 촬영, 편집은 아이맥으로 한다. 지금처럼 책 쓰기를 위한 원고 작업은 맥 노트북으로 한다. 뭔가 작은 화면이 집중이 잘 되고 맥 노트북의 자판이 부드럽기 때문이다. 아이패드는 터치만 하면 바로 볼 수 있어 자료를 찾을 때나 곧바로 정리할 때 자주 이용한다. 휴대폰은 늘 무음으로 해서 엎어놓는다. 새벽 시간만큼은 방해를 받지 않기 위해서다. 이 네 가지가 모두 연동이 잘 되기 때문에 새벽에 일어나 일할 때 시간을 확실히 줄여준다.

예를 들면 이런 식이다. 새벽에 일어나 블로그 글쓰기를 하다 문득 여기에 적합한 사진이 떠오른다. 평소 임장을 다니거나 동네 산책을 할 때 아이폰으로 찍어둔 사진을 에어드랍 기능을 활용해서 바로 맥 노트북으로 전송한다. 이렇게 하면 별도로 다른 플랫폼을 활용해서 사진을 옮길 필요가 없기 때문에 시간을 줄일 수 있다. 아이맥으로 강의 자료를 만들다가 예전에 맥 노트북으로 작업했던 문서가 필요할 경우도 에어드랍 기능을 활용해서 바로 아이맥으로 그 자료를 가져올 수 있다. 이런 기능을 잘 활용하면 소중한 새벽 시간을 최대한 활용할 수 있다.

나만의 공간이 있으면 내게 꼭 필요한 물건들이 있어야 할 곳에 있어 편리하다. 내 작업실의 책상 위에는 탁상용 가습기

1장 일단, 일어나라

가 있다. 20대 때 라식수술을 했다. 원래는 렌즈를 꼈는데 렌즈를 끼면 결막염이 자주 생겼다. 안경을 끼기 싫어서 결국 수술했고 이 수술로 안구건조증이 생겼다. 처음에는 그렇게 심하지 않았지만 시간이 지날수록 안구건조증 때문에 일상생활이 힘들어졌다. 병원에서는 안구건조증에 가장 중요한 것이 가습이라고 했다. 그래서 늘 책상 위에는 가습기가 있다. 작업을 하기 전에 꼭 가습기를 켜는 것이 습관이다.

그다음으로 꼭 필요한 물건은 의자다. 새벽 시간만 해도 최소 3시간은 계속 앉아 있어야 한다. 처음에는 아이들이 쓰던 낡은 의자를 사용했는데 허리에 무리가 와서 최근에 편한 의자로 바꾸었다. 허리를 좀 더 편하게 해주는 용품도 구입했다. 그렇게 하니 오래 앉아 있어도 예전보다 허리가 덜 아팠다. 의자는 비싸더라도 좋은 것을 사기를 추천한다. 돈이 아까워 저렴한 의자를 사용하다 허리가 나빠져 병원에 다니는 것보다는 훨씬 낫다.

또한 나만의 공간이 있으면 늘 사용하는 것들은 바로 사용할수 있게 세팅해둘 수 있다. 나는 작업실에서 유튜브 촬영도 한다. 예전에는 촬영할 때마다 카메라와 마이크를 세팅했다. 그러다 보니 그걸 하기가 귀찮아서 유튜브 촬영을 미루게 되었다. 시간이 될 때 바로 앉아서 촬영할 수 있는 시스템을 만들어야 했다. 나는 아이맥 모니터에 웹캠을 설치했다. 마이크도 책상과 연결해서 촬영 시 바로 이용할 수 있다. 새벽 기상 모임을 할 때도 내가 작업하는 모습을 웹캠을 통해 볼 수 있게 하고 있다. 누군가 새벽 시간 동안 열심히 일하는 모습을 보는 것만으로도 자극이 되기 때문이다.

나만의 공간을 집에 마련하면 쓸데없는 비용을 줄일 수 있다. 새벽에 카페를 이용하거나 사무실을 이용하는 분들도 있다. 하지만 그러면 여러 가지 문제가 발생한다. 일단 동네에서 새벽에 문을 여는 카페를 찾아야 하고 그곳까지 이동해야 한다. 처음 한두 번은 갈 수 있지만 점점 귀찮아질 수도 있다. 새벽에 일어나는 것도 힘든데 다시 옷을 입고 나가는 건 더 번거롭기 때문이다.

안전과 관련된 문제도 발생할 수 있다. 새벽에는 인적이 드물기 때문에 낮에 다니는 것보다는 훨씬 조심스럽다. 공무원 시험공부를 할 때 집에 나만의 공간이 없었다. 그래서 아파트 안에 있는 독서실을 다녔는데 오전 10시가 되어야 문을 열었기에 그전까지는 집에서 공부하다가 10시가 되면 독서실로 향했다. 한창 공부에 집중하다가 장소를 이동하다 보니 종종 흐름이 끊기곤 했다. 내가 마음대로 사용할 수 있는 시간을 조정할 수 없다는 것이 불편했다. 하지만 집에 나만의 공부 공간이 마련되어 있으면 이동할 필요 없이 쭉 공부하면 되기 때문에 흐름이 끊기지 않는다.

그리고 이 공간에 오면 공부해야 한다는 마음이 든다. 여기에는 장점과 단점이 공존한다. 매일 새벽 이 공간으로 오면 자동으로 공부나 일을 하게 된다. 하기 싫은 마음이 들기도 전에 저절로 몸이 움직인다. 각 공간에 맞게 몸과 마음이 적응하기 때문이다. 그래서 주말에는 어지간해서는 이곳에 오지 않는다. 여기서는 무조건 공부해야 한다는 것을 내 몸이 기억하고 있기 때문에 쉬는 날에는 들어오지 않는다.

많은 사람이 집에서는 공부나 일이 잘 되지 않는다고 생각한다. 나 역시 그랬다. 조용한 카페에 가거나 따로 사무실을 마련하거나 도서관에 가야 한다고 생각했다. 하지만 새벽 기상을 했기 때문에 굳이 그럴 필요가 없었다. 그 시간에는 나를 방해하는 요인들이 없었다. 나를 찾는 사람도 없고, 연락이 올 사람도 없었다. 그러니 굳이 돈을 들여 그런 장소를 마련하거나 찾아갈 필요가 없었다.

새벽 시간에는 매일 공부할 수 있는 작은 공간 하나면 충분하다. 바로 앉아서 공부할 수 있기만 하면 된다. 부엌에 있는 식탁도 새벽 시간에는 나만의 공간이 될 수 있다. 새벽에는 어디든 그런 공간을 만들 수 있다. 오늘부터 나만의 공간을 마련해보자. 작은 책상과 의자, 노트북 하나만 있어도 가능하다. 내가 좋아하는 음악을 틀고 차를 마실 수 있다면 값비싼 사무실이 아니라도 꿈을 이루고 기적을 만들어낼 최고의 공간이 되어줄 것이다.

하루 한 편,
글쓰기로 나를 발견하기

퇴사를 위해 매일 새벽 블로그에 글을 쓰기 시작했다. 제일 먼저 블로그를 선택했던 이유는 쉽게 시작할 수 있고 블로그 하나 잘 키워서 브랜딩과 수익으로 연결되는 파워블로거들의 활동을 봤기 때문이다. 첫아이가 태어났을 때는 육아 블로그를 자주 봤는데 인기 있는 육아 블로그에서는 공동구매도 많이 했다. 공구를 하는 물건들은 사실 다른 쇼핑몰에서도 구매할 수도 있었다. 하지만 꼭 여기서 사고 싶었다. 내가 관심 있게 지켜본 블로거가 파는 것이라면 믿을 수 있었기 때문이다. 그런 나를 보면서 신뢰를 쌓으면 누가 시키지 않아도 지갑을 연다는 것을 알게 되었다. 하지만 당시에는 소비만 했지, 내가 그런 블로거가 되겠다고 생각하지는 못했다.

당신의 목적은 무엇인가

아이가 태어나고 사진을 저장할 공간이 마땅치 않아 시작한 게 블로그였다. 그때가 2011년이었다. 아이의 빛나는 순간을 남기고 싶어서 오직 아이에 대한 사진으로만 도배했다. 당연히 아무도 블로그에 찾아와 주지 않았다. 그렇게 접었던 블로그를 2018년부터 다시 시작했다. 예전과는 완전히 목적이 달랐다. 철저히 나의 브랜딩을 위해 블로그를 시작했고 매일 새벽 글쓰기를 시작했다.

여기서 잠시 블로그를 하는 목적에 대해 짚어보자. 나는 블로그를 하는 목적은 세 가지라고 생각한다. 첫째, 수익을 위한 블로그다. 이런 경우 광고 및 체험단으로 블로그를 활용한다. 물론 이렇게 하면 당장 수익이 생기긴 한다. 하지만 블로그를 방문하는 사람들은 나를 보러 오는 것이 아니라 광고하는 물건을 보러 온다. 그리고 원하는 정보를 얻으면 바로 나간다.

둘째, 취미를 위한 블로그다. 운동이나 사진 촬영, 뜨개질 등 취미가 비슷한 사람들이 블로그로 모인다. 비슷한 취미를 가진 사람들이 모여 정보를 공유할 수 있고 스트레스가 해소된다는 장점이 있다. 하지만 단순히 취미만으로는 사람들의 문제를 해결해주기 어렵다.

셋째, 브랜딩을 위한 블로그다. 내가 추구하는 블로그의 목적이다. 요즘은 블로그 하나만 잘해도 한 분야에서 제대로 브랜딩을 할 수 있다. 이렇게 한 분야의 전문가가 되면 장기적인 수익 실현이 가능하다. 정말 나를 좋아해서 '이웃 추가'를 하는 사람들이 늘어나고, 이들은 내가 무엇을 하더라도 응원해주고 참여해준다. 단기적인 수익이 아니라 장기적인 수익 실현을 생각한다면 브랜딩을 위한 블로그를 할 것을 추천한다.

블로그의 가장 큰 장점은 멀티링크 집합소라는 것이다. 다른 플랫폼의 링크를 삽입할 수 있기 때문에 블로그 하나만 잘 돼도 다른 채널 홍보까지 할 수 있다. 나 같은 경우는 유튜브에 영상을 올리면 항상 블로그에 영상 링크를 넣어 홍보한다. 영상 하나만 달랑 올리기보다는 대략적인 내용을 적고 가장 중요한 부분은 영상에서 확인하게 한다. 그렇게 하면서 유튜브로 팬들을 유입시킬 수 있다.

그다음 장점은 블로그가 '찐팬'들의 집합소라는 것이다. 나는 유튜브, 블로그, 인스타그램도 운영하지만 가장 나를 좋아하는 찐팬들은 블로그로 모인다는 사실을 알게 되었다. 유튜브가 좀 더 확장된 플랫폼이고 대중적이라면 블로그는 구체적이고 전문적이다. 누군가 내 유튜브 영상을 보고 블로그까지 찾아왔다면 나에 대해 더 자세히 알고 싶고 소통하고 싶다는 뜻이다. 그래서 유튜브에는 악플이 많이 달리지만 블로그는 상대적으로 악플이 거의 달리지 않는다.

그렇다면 무엇을 쓸 것인가

처음 블로그 글쓰기를 할 때 가장 어려웠던 부분은 주제를 정하는 것이었다. 처음 썼던 글은 거의 일기에 가까웠다. 어제는 직장에서 어떤 일이 있었고 그 사건을 통해 어떤 감정을 느꼈는지를 지극히 주관적으로 썼다. 참 신기했던 게 글을 쓰기 시작하면서 나의 일상을 관찰하게 되었다. 예전에는 그냥 지나칠 일들을 유심히 들여다보게 되고 글로 쓰면 좋을 소재를 메모하기 시작했다. 적을 곳이 없을 때는 블로그에 제목만 적어두고 임시 저장했다. 이렇게 해놓으면 새벽에 글쓰기를 할 때 임시 저장된 제목만 봐도 그 사건이 떠올라서 쉽게 글을 쓸 수 있었다. 그리고 점점 나만의 글 소재들이 늘어나기 시작했다.

당시 내가 추구하던 글쓰기 방향은 어떤 사건을 통해 내가 어떤 감정을 느꼈고 어떻게 긍정적으로 받아들였는가에 관한 것이었다. 이를 통해 내 글을 읽는 사람들에게 조금이라도 동기부여를 해주고 싶었다. 하지만 이렇게 몇 년간 글을 쓰면서 알게 된 사실이 있었다. 내 글에는 뾰족함이 없다는 것이었다. 그저 일기처럼 나의 일상을 적은 것에 지나지 않았다. 그런 글은 누구나 쓸 수 있고 나를 유일한 존재로 만들어주는 전문성이 없었다.

그 사실을 알게 되자 매일 새벽에 일어나 열심히 무언가를 해왔지만 결과도, 발전도 없었다는 생각이 들었다. 빛 한 줄기도 없는 캄캄한 터널 안을 혼자 걸어가는 것 같았다. 어떤 방향으로 가야 할지 도무지 감이 잡히지 않았다. 돌이켜 생각해보면 그때가 인생의 최대 슬럼프였다. 한 달 정도 글 한 줄 쓰지 못하고 방황했다. 걷고 또 걸으며 생각했다. 계속 글을 쓰는 것이 맞을까?

고민 끝에 일단 글의 주제를 바꾸기로 했다. 동기부여를 해준다는 것은 어떻게 보면 매우 모호하고 범위가 넓은 주제였다. 무엇으로 동기부여를 해줄 수 있을까? 더 구체적이고 뾰족한 것이 필요했다.

주제를 부동산으로 정하기까지 정말 우여곡절이 많았다. 당시에도 부동산 투자를 하고 있었지만 글의 주제로 삼을 생각은 하지 못했다. 그럴 깜냥이 되지 않는다고 생각했기 때문이다. 하지만 같은 길을 걸어가는 멘토 님과 동기들의 조언을 들으며 용기를 얻었다. 그렇게 부동산 분야로 주제를 정해서 매일 글을 쓰기 시작했다.

부동산을 주제로 글을 쓴다고 해서 매일 부동산을 분석하는 글을 써야 하는 것은 아니다. 나는 투 트랙 전략으로 갔다. 나의 일상 글을 통해 나라는 사람이 어떤 사람인지, 진정성 있는 모습을 사람들에게 보여주고 싶었기 때문에 부동산 글과 일상 글을 같이 썼다.

부동산 글은 임장을 가거나 관심 지역을 분석하는 내용들로 채웠다. 누군가에게 알려주기 위해 글을 쓰다 보면 더 확인하게 되고 정리를 하게 된다. 임장 후기 같은 경우도 나만 볼 거라면 단순히 사진만 나열하고 메모하는 식으로 적지만 누군가에게 알려준다고 생각하니 한 번 더 시세를 확인하고 사진을 동선대로 다시 정리하게 되었다. 그리고 스스로 강제성을 부여하려고 했다. "오늘 임장 갑니다"라고 글을 남기면 이웃님들이 댓글로 "꼭 후기 남겨주세요"라고 적는다. 그러면 임장 다녀와서 글을 꼭 써야겠다고 마음먹게 된다.

사실 부동산에 대한 분석 글만 쓰다 보면 글 쓰는 재미가 줄어들 수 있다. 이를 보완해준 것이 일상 글쓰기였다. 일상에서 생긴 일들을 간단하게 적었다. 글이 길다고 해서 무조건 좋은 글인 것은 아니다. 특히 요즘은 대부분 바쁘게 산다. 내 블로그 하나만 보는 것이 아니라 여러 블로그 글을 보는 사람들이 많다. 최대한 핵심을 담아서, 쉽고 빠르게 읽을 수 있도록 써야 한다.

특히 나는 읽기 쉽게 단락을 나누고 소제목을 많이 쓴다. 이렇게 체계를 갖춰 쓰면 글이 더 잘 보이고 심지어 잘 쓴 글처럼 보인다. 글을 그냥 죽 써 내려가다 보면 처음에 쓰려고 한 주제에서 벗어나는 경우도 많다. 하지만 미리 소제목을 정해두고 그 안에서 쓰면 방향을 잃지 않고 제대로 쓸 수 있다. 그리고 글도 더 전문적으로 보인다.

어느 날은 지인이 이런 말을 한 적이 있었다.

"세빛희 님은 블로그를 인스타그램처럼 운영하시네요."

이 말의 의미는 블로그 글이라고 해서 일부러 각을 잡고 쓰지 않는다는 것이다. 그 말대로 나는 짧게, 자주 틈나는 대로 글을 쓴다. 처음에는 집중해서 제대로 써야 한다고 생각했다. 하지만 이렇게 생각하면 글을 자주 못 쓰게 된다. 언제든지 자유롭게 글을 쓴다고 생각하면 카페나 기차 안에서도, 새벽이나 잠시 쉬는 시간에도 쓸 수 있다. 그리고 오히려 이렇게 쓴 글들이 더 많은 공감을 얻곤 했다. 아이디어는 늘 있는 장소보다 새로운 장소에서 더 잘 떠오르기 때문이다.

그래서 외출할 땐 항상 아이패드를 챙긴다. 갑자기 글을 쓰고 싶은 욕구가 생기면 어디든 앉을 공간을 찾아 글을 쓴다. 출근길에도 갑자기 글을 쓰고 싶은 주제가 떠오르면 회사 주차장에 차를 세우고 차 안에서 글을 쓴 적도 많다. 글을 쓰는 허들을 낮추면 더 좋은 글을 자주 쓸 수 있다.

글을 매일 쓰려면 어떤 소재로 쓸지가 늘 고민이다. 처음에는 새벽에 일어나서 오늘 어떤 글을 쓸지 생각했다. 생각이 잘 떠오르지 않는 날에는 글의 소재만 생각하느라 한 시간을 그냥 보낸 적도 있다. 너무 시간이 아까웠다. 그래서 생각해낸 방법이 잠들기 전에 다음 날에 쓸 소재를 정하는 것이었다. 침대 옆에 스프링노트와 연필을 두고, 자기 전 글의 소재를 적다 보면 그날 하루가 정리되기도 했다. 여러 개가 생각날 때는 일단 쭉 소재를 적어두고 새벽에 그것을 보면서 글을 쓰기 시작했다. 소재가 많은 날에는 겨울에 식량을 비축해둔 것처럼 든든했다.

나는 언제나 내가 궁금하다

매일 글을 쓰면서 거둔 가장 큰 수확은 나를 제대로 볼 수 있게 된 것이다. 사실 워킹맘으로 10년을 살아오면서 가장 힘들었던 건 내가 어떤 사람인지 모르고 나를 잃고 살았던 것이다. 늘 누군가를 위해서만 살았지, 나를 위한 시간은 1도 없었다. 그렇게 10년 동안 최선을 다한 것 같은데 이룬 것 없이 공허했다. 감정도 극과 극을 달려, 자주 울고 자주 화를 냈다. 하지만 매일 글을 쓰면서 나를 제대로 보기 시작했다. 무엇을 하고 싶은지, 나는 어떤 사람인지, 지금 어떤 감정을 느끼는지 좀 더 자세히 들여다볼 수 있었다.

어렸을 적의 상처 역시 새벽 글쓰기를 통해 치유할 수 있었다. 삼남매 중 둘째로 태어난 나는 늘 부모님의 사랑을 받지 못했다고 생각했다. 부모님은 내가 아들이길 바랐기 때문에 출생부터 환영받지 못한 느낌이었다. 뭔가 인생의 출발점부터 환영

받지 못했다는 감정 때문에 늘 움츠리곤 했다. 거절당하고 부정당하는 것이 무서워 먼저 다가가지 못했고 그게 당연하다고 생각했다. 그리고 그런 감정들은 결혼하고 아이를 낳고 나서도 지속되었다. 내 가족, 내 아이를 온전히 사랑해줄 수 있는 마음의 여유가 없었다.

그런 감정들을 모두 글로 적기 시작했다. 한번은 나의 어린 시절과 친정 엄마에 대한 감정을 적고 나서 새벽 내내 통곡하며 울었던 적도 있었다. 어릴 적 엄마에 대한 섭섭한 감정이 마음 한구석에 남아 있었고 그래서 현실에서 늘 툭툭거렸던 것이다. 하지만 그날 이후 엄마를 온전히 나의 엄마로서 바라볼 수 있었다. 해묵은 감정을 글로 표현해 해소하면서 비로소 지금의 나와 엄마를 바라볼 여유와 힘이 생긴 것이다.

매일 썼던 글쓰기를 통해 나는 다시 태어났고 나로서 살아갈 힘을 얻었다. 매일 일기를 쓰듯 편하게 글을 써보자. 처음부터 많이 쓸 필요도 없다. 단 한 줄, 단어 하나라도 써보자. 그 한마디가 당신의 인생을 바꿀 것이다.

나를 찾기 위해

감사 일기를 써요

감사 일기는 불행하다고 생각했던 내 인생을 완전히 바꿔놓았다. 사실 나의 어린 시절은 행복하지 못했다. 사랑과 관심이 부족했던 탓이다. 하지만 삼남매에 사촌 언니까지 여섯 식구가 좁디좁은 월세방에 살았기 때문에 이해가 되지 않는 건 아니었다. 엄마는 언제나 돈 걱정을 했다. 사는 게 너무 고달팠기 때문에 자식 한 명 한 명에게 사랑을 줄 수 없었다. 엄마는 아버지가 주는 월급으로 여섯 식구를 먹이고 입혀야 했다. 그렇게 치열하게 사는 엄마에게 사랑한다는 말을 한 번 들어보지 못한 것도 어쩌면 당연하다. 어른이 돼서야 사랑이라는 감정도 여유가 있어야 생긴다는 사실을 알았다.

하지만 나는 늘 사랑에 고팠다. 충분히 사랑을 받고 자라지 못했다는 생각이 내게서 자신감을 빼앗아갔다. 동네에 친구가 없었고 친구에게 다가가는 방법을 몰랐다. 아무도 나를 사랑하지 않으리라고 생각해버렸다. 교실에서는 혼자 밥을 먹고 말 한마디 하지 않았다. 아직도 생각나는 사건이 있다. 초등학교 4학년 때 처음으로 친구와 도시락을 먹게 되었는데 다른 친구들의 도시락을 보니 햄, 소시지, 고기반찬이 가득했다. 하지만 내 도시락 반찬은 아침 밥상에 있던 나물이 전부였다. 한 친구가 맛없는 반찬을 싸 왔다며 같이 먹기 싫다고 했다. 그렇게 나는 또 외톨이가 되었다.

그때 이후로 점심시간이 너무 싫었다. 가끔은 점심시간에 홀로 운동장 구석에 앉아 있기도 했다. 어떨 땐 아끼고 아낀 용돈으로 등굣길에 학교 근처 슈퍼에 들러 고추참치, 야채참치 캔을 사 갔다. 아이들이 내 도시락 반찬을 가지고 놀리지 않았으면 해서였다. 도시락 반찬은 어린 내게 너무 아픈 기억으로 남았다. 며칠 전, 저녁 반찬으로 쓰려고 사놓은 고추참치 캔을 보고 어릴 적 내가 생각나 눈물이 났다.

학교에서 나는 말이 없고 조용한 아이였다. 초등학교 6학년 때 같은 반 친구가 다른 친구들 속에서 나를 가리키며 이렇게 말하는 것을 들은 적이 있다.

"쟤가 교실에서 말하는 걸 한 번도 들어본 적이 없어."

그랬던 나를 더 소심하게 만들었던 사건이 있었다. 초등학교 6학년 때 졸업식 날이었다. 운동장에서 졸업식 행사를 해서 의자에 앉아 있었다. 그런데 하필이면 내가 앉은 의자가 낡아서 삐걱 소리가 났다. 그 소리를 듣고 근처에 있던 남자아이들이 내 의자를 발로 차며 내가 뚱뚱해서 의자가 고장 났다며 놀려댔다.

너무 창피했다. 지금의 나였다면 당연히 화를 냈을 것이다. 하지만 그런 상황에서도 나는 아무 말 못 하고 고개만 푹 숙인 채 그 상황이 빨리 끝나길 기다렸다. 아무도 나를 도와주지 않았다. 그 후로 나는 더 굳게 마음을 닫아버렸다.

나는 내가 원하는 것을 말하면 거부당할 것이라 생각했고 그래서 아예 요구조차 하지 않았다. 어른이 되어서도, 직장 생활을 할 때도 이런 태도는 나아지지 않았다. 늘 내 안에는 상처받은 아이가 있었다. 직장 생활을 할 때도 늘 남이 원하는 대로 했다. 지나치게 남을 배려하고 나의 의견을 버렸다. 나는 나 자신을 약하고 불행한 사람으로 만들었다.

왜 나는 자신 있게 내가 바라는 것을 말할 수 없었을까? 지금 생각하면 거부당하는 것에 유달리 민감했던 것 같다. 내가 뭔가를 요구했는데 상대방이 거부하면 나라는 존재 전부가 거부당한 것으로 생각했다.

감정적으로도 안정을 찾지 못했던 나를 잡아줬던 것이 새벽 시간에 쓰는 감사 일기였다. 이 시간을 통해 진짜 나를 되돌아보게 되었다. 어떻게 보면 그때 나의 글은 감정 일기에 가까웠다. 누군가를 생각하며 쓰는 글이라기보다는 과거의 나, 현재의 나에게 쓰는 글이었다.

과거의 나와 그 상황들을 되돌아보면서 그때의 엄마를 이해할 수 있었다. 그래, 나였어도 그랬을 거야. 그때의 엄마는 얼마나 힘들었을까? 엄마는 누구를 의지하며 그 상황들을 견뎌냈을까? 그런 생각을 하니 그때의 엄마가 너무 가여웠다. 글을 쓰면서 한참을 울었다. 그렇게 울고 나니 엄마를 제대로 이해할 수 있었다. 나를 괴롭혔던 과거의 일들을 하나 하나 재해석해나갔고 그 과정들을 통해 진짜 나를 찾아갈 수 있었다.

그리고 나라는 사람은 새로운 일을 하는 것을 좋아하고 목표를 정하면 이룰 때까지 절대 포기하지 않는다는 것도 알게 되었다. 그런 글들을 쓰다 보니 나는 나를 더 사랑하게 됐다. 매일 적었던 감사 일기에 나는 늘 이 문구를 적었다.

"내가 세상에 존재함이 감사하다."
"내가 나인 것이 감사하다."

정말 내가 좋았다. 오랫동안 왜 나 같은 사람이 세상에 태어났는지 의문이었던 시기가 있었다. 스스로 난 참 쓸모없는 사람이라 생각했다. 하지만 감사 일기를 쓰면서 나의 모든 것이 좋아졌다. 내가 이뤄나가는 일들 하나하나가 좋았다.

나는 내가 만든 유튜브 영상을 매일 본다. 몇 번을 반복해서 보기도 한다. 유튜브 구독자가 50명도 되지 않던 시절에도 나는 내가 만든 영상을 매일 반복해서 봤다. 그 안에서 자신 있게 말하는 내가 너무 좋았다. 유튜브를 하는 다른 지인들은 절대 본인의 영상을 보지 않는다고 했다. 말투, 외모 등 마음에 들지 않는 것투성이라면서 말이다. 하지만 나는 내 영상들을 보며 그런 생각을 했던 적이 한 번도 없었다. 다른 채널에서 내가 인터뷰했던 영상도 몇 번이나 돌려 봤다. 내가 너무 자랑스러웠다. '한 번도 긴장하지 않고 저렇게 말했구나! 나, 참 잘하고 있구나!' 이런 생각이 들었다.

그렇게 나를 더 사랑하게 된 계기 중 하나는 다른 사람이 아닌 나 자신과 비교를 하면서였다. 타인과 비교를 하면 끝이 없다. 내가 어떤 한 사람을 따라잡아도 그보다 잘하는 사람은 또 있기 때문이다. 그러다 보면 나를 칭찬할 수 있는 시간이 전혀 없다.

하지만 나 자신과 비교하면 달라진다. 예전의 나보다 지금의 나는 분명 더 성장해 있다. 예전에 섬네일 하나도 못 만들던 내가 지금은 5분도 걸리지 않고 만들 수 있다. 편집도 못하던 내가 이제는 웬만한 편집프로그램은 다 쓸 줄 안다. 사투리에 말을 버벅거려 댓글에 욕도 참 많이 달렸는데 그때보다는 말을 잘한다. 또 이제는 대본 없이도 내 생각을 자유롭게 말할 수 있다.

이렇게 나 자신과 비교하면 나를 칭찬할 일이 정말 많다. 그런 것들을 매일 새벽 감사 일기에 적었다. 그러면서 나를 더욱 사랑하게 되었고 이제는 누군가 내게 공격할 때 당당하게 화를 낼 줄도 알게 되었다.

점점 더 나라는 사람이 좋아졌다. 나라는 사람으로 태어난 것이 큰 행운이라고 생각하니 자신감이 넘쳤다. 자신감이 있어야 다른 사람들 앞에서도 떳떳할 수 있다. 그리고 누군가에게 무엇을 알려주거나 가르치려면 더더욱 자신감이 필요하다. 내가 아는 것에 대해 확신이 있어야 사람들에게 확실하게 알려줄 수 있기 때문이다.

나를 사랑해야 더 많은 것을 줄 수 있다. 나는 감사 일기를 통해 진정으로 나를 사랑하는 법을 배웠다. 나를 사랑할수록 더더욱 남을 사랑할 수 있게 되었고 가족뿐만 아니라 수강생과 내 팬들도 진정으로 사랑할 수 있게 되었다. 특히 요즘처럼 경기가 좋지 않을 때는 내 강의를 신청해주는 한 분 한 분에게 너무나 감사한 마음이 든다. 어떻게 하면 그분들을 더 도울 수 있을지 생각하게 된다. 수업 첫날에 나는 수강생분들에게 이렇게 말한다.

"저한테 빼먹을 수 있는 건 모두 빼먹으세요."

정말이다. 내가 가진 모든 것을 주고 싶을 정도로 그분들에게 감사하다. 가끔은 수강생들이 차마 대답하기 힘든 질문을 하기도 한다. 예전의 나였다면 그 사람을 탓했을 것이다. 하지만 지금은 이렇게 생각한다.

'오죽하면 저런 질문을 할까?'

'나 아니면 누구한테 저런 질문을 할 수 있을까?'

이제는 정말 상대방의 입장에서 생각하게 된다. 지금 내가 너무 못나 보인다면 꼭 감사 일기를 써보길 권한다. 그 시간에는 다른 사람이 아닌 오직 나만을 생각하자. 아주 작은 것이라도 감사하는 마음을 가지면 점점 더 나를 사랑하게 되고 자신감이 넘치는 사람으로 바뀐다. 그리고 삶의 모든 것이 달라 보일 것이다.

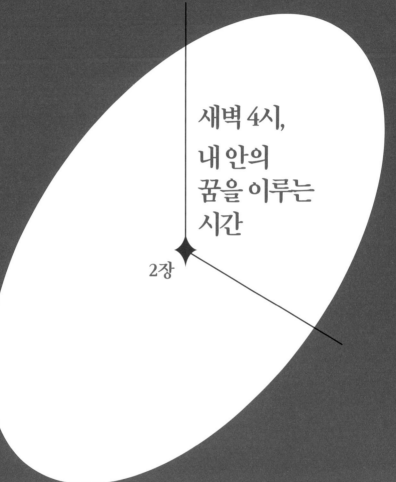

새벽 4시,
내 안의
꿈을 이루는
시간

2장

당신의 꿈은
무엇인가

당신은 왜 새벽에 일어나는가? 어떤 변화를 바라는가? 단순히 새벽에만 일어난다고 바라는 인생을 살 수 있는 건 아니다. 앞으로 되고자 하는 모습, 이루고 싶은 꿈이 있어야 한다. 나는 새벽 기상을 하는 분들에게 이런 질문을 많이 한다.

"앞으로 되고자 하는 모습이 있나요?"

앞으로 되고자 하는 모습, 그것이 새벽 기상을 통해 이루고

자 하는 목표다. 그 목표가 선명해야 어떻게든 그렇게 되려고 새벽에 일어나게 된다.

인생의 목표를 찾는 연습

우리 주변에는 자신이 원하는 그 모습 그대로 살고 있는 사람들이 있다. 일단 그런 사람들을 찾아보자. 유튜버나 블로거 또는 예전부터 알던 사람일 수도 있다. 그들 가운데 내가 바라는 인생을 살고 있는 사람이 적어도 한 명은 있을 것이다.

만일 그런 사람을 찾았다면 이제는 그의 과거를 살펴보자. 어떤 사람이든 태어날 때부터 성공한 사람은 없다. 예전에 썼던 글이나 촬영한 영상을 보면 그 또한 자신과 비슷한 시기가 있었다는 생각도 들고 용기를 얻을 것이다. 나도 이 시간을 견디면 저렇게 될 수 있겠다는 희망도 생긴다.

얼마 전 내 블로그 강의를 듣던 수강생들을 만났다. 한 분이 2019년부터 내 유튜브 영상을 봐왔다고 했다. 어느 날 유튜브 추천 영상으로 내 영상이 떴는데 그때부터 꾸준히 구독해서 현재까지 봤다고 했다. 그러면서 처음에는 그렇게 서툴더니 점점 발전하는 모습을 보는 게 흐뭇했단다. 나의 꾸준함을 정말 존경한다고 했다. 알고 봤더니 그의 아내 역시 현재 9권의 책을 발간한 작가였다. 한동안 가족들이 해외 생활을 했는데 그때 힘들었던 감정을 책으로 발간했고 지금도 꾸준히 책을 쓰고 있다고 한다.

그 이야기를 듣던 한 수강생은 내게 그런 시기가 있었는지 전혀 몰랐다며 놀라워했다. 처음부터 일이 잘 풀렸다고만 생각했는데, 어려운 시절이 있었다는 사실에 왠지 공감이 가고 힘을 얻었다고 했다.

물론 나 역시 방향을 못 잡고 헤매던 초보의 시절이 당연히 있었다. 그때는 나보다 성공한 사람들이 부럽기만 했다. 하지만 초보로 헤매던 시기에도 늘 기록했다. 매일 글을 썼고 영상을 올렸으며 힘들 땐 과거에 썼던 글과 영상을 보면서 위안을 얻었다.

나는 힘든 감정도 솔직하게 글로 표현했다. 대부분 사람은 그런 모습을 숨기고 싶어 한다. 하지만 나는 솔직하게 드러낼수록 오히려 사람들과 더 찐으로 소통할 수 있다고 생각한다. 팬들은 댓글로 "세빛희 님도 그런 걸로 힘들어할 줄 몰랐어요"라며 나를 위로해준다. 그러면서 누구나 그런 시기가 있음을 깨닫고 동기부여가 되기도 한다.

내가 바라는 모습으로 사는 사람을 찾았고 그 사람의 과거 행적들을 알게 되었다면 이제부터는 똑같이 해보는 것이다. 이때 나만의 키워드를 정해야 한다. 내 경우를 예로 들면 부동산 분야에 대한 세부적인 키워드를 정하는 것이다.

만약 집이 한 채인 분들은 '상급지 갈아타기'를 키워드로 정할 수도 있다. 아직 내 집 마련을 못 한 30대 1인 가구라면 '30대 1인 가구의 내 집 마련'을 키워드로 정할 수도 있다. 또는 현재 피부관리사로 일하고 있고 직업적 특성을 살려 사람들을 돕고 싶다면 '명품보다 피부에 투자하는 피부관리사'라는 키워드를 정할 수도 있다.

만약 상급지 갈아타기로 키워드를 정했다고 하자. 그러면 그 키워드로 새벽 시간에 무엇을 할지 정해야 한다. 우선 내가 사는 곳에서 어떤 곳이 상급지인지 알아보는 공부가 필요하다. 그렇게 알아본 후 내가 갈 수 있는 상급지 아파트 목록을 만들고 단지별로 매물 조사를 한다. 그런 다음에는 조사 내용을 토대로 주말에 임장을 간다. 이런 과정을 통해 상급지 갈아타기 목표를 이룰 수 있다. 그리고 이 과정을 계속 기록하면서 상급지 갈아타기 과정을 잘 알려주는 사람으로 자신을 브랜딩할 수도 있다.

실제로 연미나 님은 새벽 시간 공부를 통해 부동산 상급지로 갈아타기에 대한 자신감을 얻었다고 한다. 그녀는 신혼 때 외진 곳에 있는 구축 아파트에 집을 마련했다. 버스를 타고 매일 도서관에 갈 때면 늘 그녀가 사는 아파트보다 좋은 아파트들이 보였고 너무 부러웠다. 그래서 새벽 시간에 갈아타기 할 곳을 찾으며 공부했고 결국 그녀가 사는 동네에 새로 입주하는 분양권을 매수해 올해 입주하게 되었다. 그녀가 갈아타기에 성공할 수 있었던 이유는 갈아타기라는 키워드를 정하고 매일 새벽에 일어나 치열하게 공부했기 때문이다. 누구든 그녀처럼 절실함을 갖고 도전한다면 지금보다 더 나은 생활을 영위할 수 있다.

그렇다면 나만의 키워드를 어떻게 찾으면 좋을까? 다음 단계에 따라 키워드를 찾아보자.

1. 내가 좋아하는 일을 적는다.
2. 내가 잘하는 일을 적는다.
3. 위의 일 중에서 사람들을 도울 수 있는 일을 적는다.

머릿속으로 생각만 하면 너무 막연하다. 하지만 글로 적으면 확실히 명확해진다. 예를 들어 내가 좋아하는 일은 요리, 사진 찍기, 산책, 여행이며 내가 조금이라도 잘하는 일은 영어라고 하자. 그중에서 사람들에게 도움을 줄 수 있는 건 무엇일까? 이때는 사람들이 어떤 문제를 겪고 있는지를 떠올려본다. 요리, 사진 찍기, 산책, 여행은 누구든 시간과 돈만 있으면 할 수 있다. 즉 혼자서도 문제를 해결할 수 있다. 하지만 영어는 다르다. 영어를 잘하고 싶은데 그렇지 못한 사람들이 많다.

이때 타깃을 좀 더 좁힐 수도 있다. 아이가 영어를 잘했으면 하는 부모가 타깃일 수도 있고, 나처럼 성인이지만 영어를 잘하고 싶은 사람일 수도 있다. 타깃에 맞춰 영어라는 키워드를 제공하면 된다. 만약 아이들에게 제공한다면 유튜브나 블로그에 초등학생이 읽기 쉬운 영어 원서 시리즈를 연재하면 된다. 만약 타깃이 성인이라면 매일 적으면 도움이 되는 영어 필사 구절을 제공할 수도 있다. 아직 브랜딩이 되지 않은 상태라면 처음에는 무료로 제공하면 된다. 그렇게 하면 점점 입소문이 나고 찐팬들이 생긴다. 그때는 내용을 더 보충해서 유료로 전환하면 된다.

이 과정에서 고려해야 할 정말 중요한 요소로 '팬'이 있다. 바로 입소문을 내는 팬이다. 팬들도 두 부류로 나뉜다. '샤이 팬'과 '입소문 팬'이다. 샤이 팬은 조용히 강의를 듣고 사라진다. 하지만 입소문 팬은 다르다. 자기가 좋으면 주변 지인들에게 들으라고 소개하고, 사람을 끌고 온다. 이런 입소문 팬들에게 잘할수록 팬이 더 빨리 늘어날 수 있다. 그리고 이 과정을 꾸준히 하면 해당 분야에서 전문가가 될 수도 있다.

많은 사람이 가장 힘들어하는 단계가 바로 이 키워드를 잡는 것이다. 하지만 처음에 키워드를 잘 잡아야 방향을 잘 잡을 수 있다. 배를 탄다고 무조건 목적지로 갈 수 있는 건 아니다. 노를 제대로 저어야 목적지에 도달할 수 있다. 마찬가지로 잘못된 키워드를 잡으면 아무리 새벽에 일어나 열심히 공부해도 소용이 없다.

내 주변에도 새벽에 열심히 하는데 성과가 없다는 사람들이 많다. 대부분은 바로 나만의 키워드를 제대로 잡지 않았기 때문이다. 키워드를 잡을 때 가장 중요한 부분은 그 일이 누군가를 도와줄 수 있느냐다. 이것만 기억하자.

'누군가를 도와주면 그 사람은 나를 좋아하게 된다.'

2장 새벽 4시, 내 안의 꿈을 이루는 시간

목표는 구체적으로

새벽은 목표를 구체화하는 시간이다. 이렇게 목표를 구체화하려면 상위 목표가 있어야 한다. 그래서 새벽 기상을 하기 전에 먼저 상위 목표를 정하는 작업이 필요하다.

한 예로 대대맘 님은 이미 새벽 기상을 하고 있었다. 그녀는 명상이 너무 좋아서 원래 다른 지역에 살았는데 명상센터가 있다는 이유 하나만으로 아무 연고도 없는 지역으로 이사했다고 한다. 그 정도로 그녀는 한 가지에 빠지면 열성이었다. 하지만 그 열정을 바칠 구체적인 목표는 없었다. 명상은 대대맘 님의 몸과 마음을 평화롭게 해주기는 하지만 명확하고 구체적인 목표를 제시해주지 못했다.

나는 그녀에게 가장 이루고 싶은 목표를 정하라고 제안했다. 이미 몇 번의 부동산 투자 경험이 있었던 그녀는 무엇보다 먼저 부동산으로 경제적 자유를 이루고 싶다고 했다. 그래서 그녀는 부동산을 키워드로 정했고 아직 부동산에 대한 지식이 부족하다고 생각해 블로그명을 '40대 대대맘의 부동산 분투기'로 지었다.

다음으로 나는 매일 부동산이라는 주제로 새벽에 글을 쓰길 권했다. 처음에 대대맘 님은 부동산 관련 정보만을 써서 글을 올렸다. 그 글을 읽으면 그녀라는 사람이 정보에 갇혀 제대로 보이지 않는 것 같았다. 그래서 나는 정보보다는 실제로 겪은 이야기를 써보라고 했고, 그녀는 용기를 내서 갈아타기에 실패한 이야기를 썼다.

사실 대대맘 님은 너무 숨기고 싶은 이야기였지만 어떤 유튜버가 자신의 투자 실패를 영상에서 솔직하게 이야기하는 것을 보고 용기를 얻었다고 했다. 가족들과 분양사무실에 들렀다가 직원의 말에 속아 덥석 계약하게 된 이야기였다. 직원의 한마디가 그녀가 가장 고민하는 부분을 건드렸다. 그녀는 평소 아파트에 살더라도 층간소음이 없는 곳에서 살고 싶었는데, 그 직원이 추천해준 분양권이 아래층에 집이 아닌 대기 공간이 있어 마음껏 아이들이 뛰어놀 수 있는 곳이었던 것이다. 이 이야기에 덜컥 마음이 끌려 계약했지만 결국 거액의 돈을 묶이게 돼 힘든 시간을 보냈다.

이렇게 숨기고 싶은 이야기를 쓰고 나니 그때부터는 용기가 생겨서 자기 이야기를 블로그에 계속 쏟아내게 되었고, 지금도 그녀는 열심히 자신의 이야기들로 블로그를 채우고 있다.

무엇을 하든 간에 목표가 있어야 한다. 단순히 새벽 시간에 일어난다고 해서 다 성공하는 것은 아니다. 내가 바라는 모습과 이를 위해 실행해야 할 것들을 정해야만 새벽 시간을 통해 원하는 것을 하나씩 이뤄갈 수 있다.

장단기 목표 정하기

내가 살고 싶은 인생, 나만의 목표를 정했다면 최대한 그 목표를 시각화해보자. 흔히 하듯이 목표를 종이에 적어 잘 보이는 곳에 붙여두는 것도 방법이다. 그러면 새벽에 일어날 때마다 보게 되고 목표를 상기하게 된다. 또는 매년 초 블로그에 그해 목표를 공표하는 것도 좋다. 다른 사람 앞에서 목표를 공식적으로 이야기했기 때문에 지키지 않을 수가 없게 된다.

나는 2022년에 이루고 싶은 목표를 블로그에 적었고 1년 동안 열심히 새벽 기상을 했다. 그리고 2022년 연말이 되어 결과를 되돌아보는 시간을 가졌다. 놀랍게도 대부분 이뤄냈다는 사실을 발견했다. 발레와 필라테스 시작하기, 제주 한달살이, 두 번째 책 발간, 부동산 투자, 성공한 사람들과 연결되기, 가족들과 더 많은 시간 보내기 등. 그렇게 할 수 있었던 건 이루고 싶은 명확한 목표가 있었기 때문이다.

목표는 명확하고 구체적이어야 한다. 너무 큰 목표보다는 실현 가능한 목표면 좋다. 목표는 장기 목표와 단기 목표로 세분화하는 것을 추천한다. 즉 최종적으로 이루고 싶은 목표를 정하고 이를 1년 단위, 월 단위, 일 단위로 점점 세분화한다. 중요한 것은 그 목표를 이루기 위해 오늘 당장 새벽 시간에 무엇을 할 수 있을까다. 그게 정해져야 바로 실행할 수 있기 때문이다.

만약 목표가 부동산 강사가 되는 것이라고 하자. 최종 목표만 있다면 이것을 이루기 위해 무엇을 해야 할지 감이 잡히지 않는다. 그래서 목표를 세부적으로 쪼개야 한다. 먼저 한 해 동안 무엇을 할지 정한다. 부동산 강사가 되는 것이 목표라면 이렇게 세분화할 수 있다.

실제 경험을 위해 투자를 4건 이상 진행하기
투자를 위한 시드머니 모으기
부동산 강의 듣기
임장 가기
부동산 칼럼 써보기 등

이후에는 각 목표를 월 단위로 쪼갠다. 매월 한 지역씩 제대로 뽀개기, 매주 임장 가기, 1월에는 재개발 강의, 2월에는 상가 투자 강의, 3월에는 경매 강의 등으로 구체화한다. 그리고 다시 일 단위로 쪼개서 1월 1일 세종시 흐름 분석, 1월 2일 세종시 입지 분석, 1월 3일 세종시 아파트 분석, 1월 4일 세종시 분양권 분석 등으로 매일 해야 할 일을 정한다. 일 단위로 목표를 정할 땐 하루 전날 적어두는 것을 추천한다. 그렇게 해야 다음 날 바로 일 단위 목표를 실행할 수 있기 때문이다.

장기 목표와 단기 목표 정하기

STEP 01	STEP 02	STEP 03	STEP 04
최종 목표	1년 목표	1개월 목표	1일 목표
부동산 강사 되기	부동산 투자 4건 이상 진행하기 시드머니 모으기 부동산 강의 듣기 임장 가기	매월 한 지역씩 뽀개기 1월: 재개발 강의 2월: 상가 투자 강의 3월: 경매 강의 이번 달 저축 목표액 정하기 매주 임장 가기	1월 1일 : 세종시 흐름 분석 1월 2일 : 세종시 입지 분석 1월 3일 : 세종시 아파트 분석 1월 4일 : 세종시 분양권 분석 오늘의 수입과 지출 정리

목표는 너무 높게 잡지 않도록 한다. 당장 순자산 100억을 이루겠다는 것은 너무 비현실적인 목표다. 목표가 너무 높으면 오히려 실행력이 떨어진다. 어차피 자기는 그렇게 될 수 없다

며 금방 포기해버리기 쉽다. 목표는 낮더라도 실현 가능한 것이 좋다. 순자산 10억을 이루겠다는 목표나 대구 수성구에 내 집 마련을 한다는 목표 정도가 적절하다. 책 한 권을 출간하겠다는 것도 좋은 목표가 될 수 있다.

세계적인 경영 구루 세스 고딘이 쓴《이카루스 이야기》를 보면 다음과 같은 내용이 나온다.

날아오르기 전 다이달로스는 아들에게 태양에 너무 가까이 가지 말라고 당부했다. 하지만 하늘을 나는 마법에 도취된 이카루스는 점점 높이 올라갔다. 우리는 그다음에 무슨 일이 벌어졌는지 잘 안다. 밀랍이 녹아내렸고, 날개를 잃은 이카루스는 바다에 떨어져 죽음을 맞이했다.

이 이야기의 교훈은 이런 것이다. 왕의 뜻을 거역하지 말라. 아버지 말씀을 어기지 말라. 자신의 능력을 과대평가하지 말라. 그리고 가장 중요한 것으로, 자신에게 신의 능력이 있다고 자만하지 말라.

그런데 이 이야기에서 빠진 부분이 있다. 그것은 다이달로스가 이카루스에게 너무 높게는 물론, 너무 낮게도 날지 말라고 경고했다는 점이다. 수면에 너무 가까이 날다가는 날

개가 젖어 물에 빠져 죽을 수 있으니까.

위 이야기처럼 목표는 너무 높아도 안 되지만 너무 낮아도 안 된다. 실행 가능한 목표 중에서 지금 나의 삶을 바꿔줄 수 있는 것으로 정해야 한다.

목표는 진화한다

목표를 정할 때 중요한 점은 목표를 이루었다고 안주하면 안 된다는 것이다. 많은 사람이 목표를 이루고 난 뒤 상실감을 느끼고 방황하곤 한다.

예전에 내가 알던 투자자도 그랬다. 그 사람은 돈에 대한 결핍이 강해서 경제적 자유를 이루는 것을 목표로 삼았다. 그리고 생각보다 빨리 그 목표를 이루었다. 하지만 목표를 이루었다는 기쁨도 잠시, 더 이상 이룰 목표가 없다는 상실감에 너무 힘들어했다. 실제로 이런 분들이 생각보다 많다. 나 역시 그랬다. 공무원시험 준비를 할 때는 시험에 합격만 하면 인생의 목표를 다 이룰 것이라고 생각했다. 정말 평생 행복하게 살 줄 알았다. 그런데 아니었다. 다른 목표가 없는 삶은 더 불행할 뿐이었다.

최근에 유튜브를 하는 지인을 만난 적이 있다. 그녀는 유튜브 구독자 10만 명을 향해 정말 열심히 달렸다. 그렇게 열심히 해서 꼭 실버 버튼을 받고 싶었는데 막상 실버 버튼을 받고 나니 허무했다고 한다. 이처럼 바라던 목표를 이루고 나면 허무해지는 것이 우리 인간의 마음이다. 그래서 우리는 늘 새로운 목표가 필요하다.

목표라는 건 이뤄지지 않았을 때 더 간절하고 더 빛나 보인다. 하지만 이루고 나면 '이렇게 쉬웠던 걸까?'라는 생각이 들고 목표를 상실했다는 허탈함에 길을 잃고 방황하게 된다. 더 이상 목표가 없다는 것은 꿈을 잃은 삶과 같다. 하루하루가 똑같은, 동력 없는 삶으로 변한다.

한 가지 목표를 이루었다면 곧바로 다른 목표를 정해야 한다. 평소에 자신의 마음을 잘 들여다보며 나는 무엇을 원하고 어떻게 살고 싶은지 파악해야 한다. 나는 지난 몇 년간 퇴사만을 바라보며 달려왔는데, 생각보다 빨리 퇴사라는 목표를 이루었다. 목표를 이루고 나니 또 무엇을 해나가야 할지 방황하는 내가 보였다. 1인 기업가로 살아가는, 정답이 없는 길이 버거웠다. 그럴 때마다 지금 이 순간 무엇을 하고 싶은지 내 마음의 목소리에 귀를 기울인다.

　매번 새로운 목표를 설정하도록 하라. 힘들기보다는 새로운 목표를 향해 행동할 때마다 성취감을 느낄 것이다. 그 성취감으로 매일 새벽에 일어나고 살아 있음을 느낄 것이다.

새벽을 허투루
보내지 않으려면

목표가 정해졌다면 매일 새벽 시간에 구체적으로 무엇을 할지 정해야 한다. 나는 퇴사를 고민할 때 새벽 시간을 이용해서 딱 두 가지만 해야겠다고 생각했다. 바로 글쓰기와 ○○○이었다. 퇴사를 위해서는 장기적인 관점에서 나의 자산을 늘려야 한다. 그래서 누구나 반드시 ○○○에 해당하는 활동을 해야 하는데, 이는 정기적인 수입과 관련된 것이어야 한다. 나의 ○○○은 '부동산 투자'였다. 어떤 사람에게 ○○○은 주식이 될 수도 있고, 스마트스토어가 될 수도 있고, 클래스가 될 수도 있다.

2장 새벽 4시, 내 안의 꿈을 이루는 시간

그렇다면 ○○○은 내가 하고 싶은 것으로 그냥 정하면 될까? 절대로 안 된다. 여기서 많은 사람이 실수하는데 그 이유는 자기가 좋아하는 것, 취미로 하는 것을 ○○○으로 정하기 때문이다. 그런 일은 새벽 시간에 아무리 열심히 해도 계속 취미로 남을 뿐이다.

○○○을 정할 때 가장 중요한 점은 그 일이 사람들의 문제를 해결해줘야 한다는 것이다. 사람은 누구나 문제를 안고 살아간다. 그 문제는 시간, 돈, 영어, 심리 상담, 유튜브 편집 등 다양할 수 있다. 일단은 사람들이 어떤 문제를 안고 있는지 관찰하는 것이 중요하다. 철저하게 관찰자가 되어야 한다. 관찰자의 시선으로 나의 주변부터 살펴보자. 분명 불편함을 느끼는 부분이 있을 것이다. 그것을 발견했다면 "유레카!"를 외쳐도 좋다. 그것을 해결해주면 되기 때문이다.

내 경우를 예로 들면 나는 어릴 때부터 아이들 영어교육에 관심이 많았다. 하지만 어떻게 해야 어릴 때부터 영어를 잘 가르칠 수 있을지 알지 못했다. 그랬던 내게 《잠수네 영어》 시리즈는 집에서도 재미있게 아이들에게 영어를 가르치는 방법을 알려주었다. 그 책 덕분에 초등학교 6학년인 지금도 집에서 영어를 재미있게 배우고 있다.

비단《잠수네 영어》같은 책뿐만 아니라 집에서 영어를 가르치고 싶은 엄마들의 문제를 해결해주는 블로그나 유튜브가 많다. 문제를 해결해주는 방식은 블로그나 유튜브, 책, 강의, 멘토링 등 다양한 형태가 될 수 있으며 결국 이는 정기적인 수입으로 연결된다. 일단 내 주변의 문제부터 잘 찾아보자.

그리고 두 번째 키워드는 글쓰기다. ○○○이 어떤 키워드가 되었든 글쓰기는 당신의 존재를 세상에 알리고 당신이 버는 돈을 두 배로 늘려준다. 영어 홈스쿨링 같은 경우도 아무리 내가 집에서 아이들에게 영어를 잘 가르치고 있고 성과를 냈다고 해도 나만 알고 있으면 아무도 내가 그것을 잘하는지 알지 못한다. 즉 내가 그것을 하고 있다는 글이 계속 올라와야 한다. 이것을 나는 '맥락'이라고 부른다. 맥락이 있어야 사람들은 내 이야기를 자연스럽게 받아들인다. 그러려면 꾸준히 쌓인 기록들이 있어야 한다.

예를 들면 아이가 6개월 때부터 종이 영어책으로 놀게 했고 세 살부터는 영어 DVD를 계속 틀어줬다는 이야기, 6세부터는 영어도서관에 가서 영어 원서를 본 이야기, 초등학교에 들어가서는 매일 한 시간씩 영어 영상을 보고 매일 한 권씩 영어 원서를 읽고 있다는 이야기, 초등학교 3학년 때 영어 테스트를

했더니 중학교 수준으로 나온 이야기 등 과거부터 현재까지의
이야기가 있어야 한다.

그 이야기를 통해 독자들은 그 사람을 신뢰하고 좋아하게 된
다. 나도 아이를 저렇게 키우고 싶은데 나보다 먼저 해서 좋은
성과를 냈다는 것을 알면 그 사람을 따라 하고 싶어진다. 그러
니 나만의 무기를 만들고 싶다면 내가 남길 수 있는 모든 순간
을 기록해야 한다. 그 기록들은 사람들이 나에게 오게끔 해주
는 향기로운 꽃이 되어줄 것이다.

무엇이 나의 무기가 될 것인가

직장을 다닐 땐 매월 월급이 고정적으로 들어온다. 하지만 퇴
사하면 그렇지 않다. 그래서 돈을 벌 수 있는 나만의 무기가 있
어야 한다. 수익이 나는 전문 분야를 정하면 그다음에 내가 그
만큼 잘하는 사람이라고 소문낼 수 있기 때문이다. 또한 내가
하고 싶은 이야기를 내뱉어야 한다. 그래야 사람들이 나를 인
지하고 내 이야기를 들으러 온다. 이렇게 되면 나를 브랜딩할
수 있고 나의 무기를 만들 수 있다.

새벽 기상을 시작했을 당시 나는 내 무기를 '부동산'으로 정

했다. 부동산으로 정한 이유는 집이란 필수 불가결한 것이라고 생각했기 때문이다. 그리고 많은 사람이 지금보다 더 잘살고 싶은 욕망이 있다. 그 중심에 돈이 있고 사람들은 돈에 대한 결핍이 있다. 이 문제를 해결해준다면 분명 수익으로 연결될 수 있다고 생각했다.

사실 나 자신만 돌아봐도 그랬다. 어릴 때 돈이 없으면 원하는 것을 가질 수 없다는 걸 생활 속에서 느끼며 살았다. 정말 갖고 싶었던 인형도 살 수 없었고 남이 입던 옷과 신발을 신어야 했다. 어른이 되어서도 돈이 없으니 전세를 살면서 집 없는 설움을 느끼며 살아야 했다. 겨우 내 집 마련을 한 뒤에도 매달 나가는 대출금 때문에 먹고 싶은 것도 제대로 못 먹고 아끼며 살았다. 그 모든 순간에 돈에 대한 결핍이 있었다. 좀 더 여유롭게 살고 싶었다. 나 역시 그랬기 때문에 이를 해결해줄 수 있는 부동산을 주제로 정했다.

그렇게 부동산으로 목표를 정한 뒤 실행으로 들어갔다. 처음에는 부동산이 도대체 어떤 것인지 궁금해서 관련 책들을 계속 읽었다. 그렇게 혼자 여러 번 실행해보고 공부한 다음에는 나보다 더 실력이 뛰어난 사람들의 방법이 궁금했다. 그래서 부동산 강의를 신청했다. 대부분 강의가 서울에서 열렸지만 나는 지금보다 부동산 투자를 더 잘하고 싶었기 때문에 매주 기차를 타고 가서 강의를 들었다.

오프라인으로 강의를 들으며 무엇보다 좋았던 점은 같은 목적을 지닌 동기들이 있었다는 것이다. 동기들 중에는 이미 오래전부터 투자해온 사람들도 있었고, 그들에게 조언을 들으며 나도 할 수 있겠다는 희망이 생겼다. 그때 나는 내게 가장 도움이 되는 사람은 이제 막 나의 단계를 지나간 사람들이라는 것을 알았다.

시간이 흐르자 그동안 혼자 실행하고 공부했던 지식들이 정리되었다. 이런 쉬운 방법이 있는데 왜 혼자 그 고생을 했는지 안타까울 정도였다. 하지만 시행착오를 겪으면서 실행력만큼은 누구에게도 뒤지지 않을 수준이 되었다. 확신이 드는 곳은 뒤도 돌아보지 않고 실행할 수 있었고, 그 실행력 덕분에 자산을 계속 늘려갈 수 있었다.

투자자에게 가장 중요한 것은 나만의 기준이다. 주변에는 늘 마음을 흔들어놓는 사람들로 가득하다. 그 안에서 흔들리지 않고 나의 길을 가는 방법은 스스로 세운 기준을 믿는 것이다. 그러기 위해 나는 늘 '왜'를 생각했다. 왜 이 아파트는 아직 이 가격이지? 왜 이 아파트가 더 비싸지? 스스로 질문하고 답을 찾는 과정을 반복했다. 그 과정을 통해 나의 기준이 확실해졌다. 주변에서 아무리 좋다고 해도 나의 기준에 부합하지 않으면 투자하지 않았다. 그 덕분에 대부분의 자산 가격이 하락하는 지금 같은 시기에도 잘 버티고 있다고 생각한다.

그렇게 공부하고 실행하다 보니 어느 순간 이 지식을 사람들과 공유하고 싶다는 생각이 들었다. 나처럼 혼자 공부하는 사람들이 힘든 길을 가지 않았으면 했다. 처음에 방향만 제대로 잡으면 실패하지 않을 수 있다는 걸 경험을 통해 알게 되었고 그 방법을 알려주고 싶었다. 그런데 이미 나보다 먼저 알려주고 있는 분들이 많았다. 순간 이런 생각이 나를 압도했다.

'나 같은 사람이 무슨?'

그런 생각이 들자 아무것도 하기 싫어졌다. 그러던 어느 날 내가 그렇게 대단한 사람은 아니지만 이제 막 시작하는 초보인 분들에게는 내 경험을 알려줄 수도 있겠다는 생각이 들었다. 그때부터 블로그와 유튜브에 부동산을 주제로 기록하기 시작했다. 최근에 만난 유튜브 구독자가 있었다. 그녀는 예전에 내 영상을 처음 봤을 때 이런 생각이 들었다고 한다. '나도 다

아는 내용인데 이 사람은 왜 이런 쉬운 내용을 영상으로 만들었을까?' 하지만 나중에 부동산 수업을 들으면서 그조차도 모르는 사람들이 생각보다 너무 많다는 것을 알게 되었다.

정말 그렇다. 그조차도 모르는 사람들이 정말 많다. 집을 한 번도 안 사본 사람은 계약서를 어떻게 써야 하는지도 모르고, 누가 대신 써줬으면 할 정도로 두려워하기도 한다. 그런 사람들에게 "나는 이렇게 했어요. 이런 것만 조심하면 돼요"라고 알려주고자 글과 영상을 만들었다. 그리고 그것이 점점 나만의 무기가 되었다. 구독자들은 이런 피드백을 올렸다.

"세빛희 님의 글과 영상은 너무 현실적이에요."
"정말 쉽고 친절하게 알려줘서 좋아요."
"딱 제가 궁금한 것만 알려줍니다."

그리고 나는 내가 전문가가 아니라 친구라고 이야기했다. 그래서 구독자 이름도 '소중한 친구'를 줄여 '소친'으로 정했다. 내가 선배나 선생님의 위치에서 가르치는 것이 아니라 동등한 입장에서 내가 먼저 경험한 것을 전해주고 싶은 마음이기 때문이다.

나는 권위적인 전문가들을 싫어한다. 최근에 아이가 감기에 걸려 이비인후과에 간 적이 있었다. 그런데 의사가 마이크를 책상에 두고 환자 이름을 불렀고 질문도 정말 퉁명스럽게 했다. 대답도 대충 듣고 나가라고 했다. 딱 봐도 환자를 돈 벌어주는 기계로 생각하는 듯했다.

하지만 우리 동네 소아과 의사는 달랐다. 비록 자기보다 어린 아이일지라도 어른처럼 존중해줬다. 진료할 때 아이들이 무서워할까 봐 계속 재미있는 이야기를 해주었고 아이의 증상에 대해 귀를 기울여 들어주었다. 그리고 쉽고 친절하게 아이의 상태를 설명해주었다. 그래서 그런지 우리 동네 소아과는 퉁명스러운 이비인후과와 달리 항상 문전성시다. 이처럼 권위적인 전문가에게는 아무리 실력이 뛰어나도 주변에 사람들이 모이지 않지만, 친절하고 쉽게 설명해주는 전문가에게는 사람들이 구름처럼 몰려든다.

스스로에게 미션을 주어라

지금까지 설명한 내용을 요약하면 일단 나만의 무기가 될 수익원을 정하고, 이를 실행할 방법을 찾는다. 이때 나보다 먼저 그 길을 걸어간 선배를 찾아 그가 거친 과정을 따라 한다. 그리고 사람들에게 친절하고도 쉽게 알려줄 방법을 찾는다. 이 방법은 내가 예로 든 부동산뿐만 아니라 어떤 주제에도 적용할 수 있다. 하고 싶은 주제 또는 분야가 있다면 이 방법을 꼭 적용해보자.

지니샘오즈 님은 서울에서 영어학원을 운영하고 있었다. 학원 운영에만 집중하다 보니 어느 날부턴가 우울감이 몰려왔다고 한다. 그러다 새벽 기상을 하게 되었고 처음으로 블로그를 시작했다. 블로그 주제는 평소에 자신 있는 영어로 정했다. 영어학원을 홍보하는 내용이 아니라 영어 원서 읽는 법을 매일 한 권씩 책을 정해서 소개했다. 블로그였지만 글 하나하나가 거의 강의 수준이었다. 또 남편과 함께 영어 원서 읽기 유튜브 영상도 운영했다. 글로도 알려주고 영상으로도 읽어주니 영어 홈스쿨링을 하는 엄마들에게 많은 도움이 되었다.

나아가 지니샘오즈 님은 무료 영어 멘토링을 모집했다. 나도 이 멘토링을 신청했는데, 6년 가까이 영어 홈스쿨링을 하면서 아이가 어느 정도 수준인지 정말 궁금했기 때문이다. 영어 멘토링은 줌 라이브로 진행되었다. 30분 정도 진행하고 현재 아이의 수준과 개선을 위해 더 필요한 공부법, 책 등을 이메일로 알려주는 식이다.

하나를 하더라도 꼼꼼하게, 프로답게 하려는 그녀의 진심이 통했는지 블로그를 시작한 지 3개월 정도밖에 안 되었는데도 벌써 이웃 수가 2,000명이 넘었다. 현재는 애드센스 수익도 받고 있다. 영어라는 확실한 주제가 있기 때문에 수익 모델은 얼마든지 더 만들어낼 수 있을 것이다.

현재 제주에서 살고 있는 워킹맘 럭키엘리 님은 어느 날 지아 장의 《거절당하기 연습》이라는 책을 읽게 된 것이 시작이었다고 한다. 그녀는 거절당하기 연습을 해봐야겠다고 결심했고 그 과정을 브런치 북에 담았다. 브런치 북의 종이책 출간 프로젝트에는 낙방했지만 여기에 그치지 않고 '거당인(거절당하는 인간) 프로젝트'를 시작했다. 참여 방법은 간단하다. 상대방에게 거절을 당하면 성공하는 것이다.

현재 그녀는 이 주제로 책 출간을 하기 위해 100군데 출판사에 출간 의뢰하기 미션을 진행 중이다. 계속 거절당하고 있지만 그녀는 포기하지 않는다. 거절을 당하면 성공하기 때문이다. 아직 이 과정을 통해 수익을 내고 있지는 않지만 아무것도 시도하지 않는 것보다 매일의 미션에 자신을 밀어 넣는 그녀를 마음 깊이 응원한다.

2장 새벽 4시, 내 안의 꿈을 이루는 시간

새벽에 무엇을 주제로 매진할지 미리 정하는 것이 좋다. 무엇으로 성과를 내야 하는지는 앞서 우리가 정한 목표에 답이 있다. 내가 이루고 싶은 목표를 쪼개서 당장 해야 할 실행 목표를 정하면 된다. 비단 부동산 투자와 글쓰기가 아니어도 된다. 새벽에는 무엇이든지 가능하다.

브랜딩을 위해 유튜브 하나만 키우겠다는 사람이 있을 수도 있고, 당장 현금흐름을 위해 스마트스토어를 운영해야 하는 사람도 있을 수 있다. 뭐든 해야 할 것이 정해졌다면 매일 새벽 시간에 무엇을 할지 정한다. 그리고 그것을 쪼개서 실행 목표를 만들면 된다.

새벽 시간에 해야 할 실행 목표는 미리 메모해두어야 다음 날 헤매지 않는다. 에버노트나 노션, 구글 캘린더에 적어보는 것도 좋은 방법이다. 그리고 새벽에 공부한 것을 블로그나 SNS에 정리하기를 추천한다. 나만 알면 그냥 실천하는 데 그치지만 누군가에게 알려주려고 하면 꼼꼼하게 체크하게 되고 그 과정을 통해 다시 한번 정리가 된다. 공부를 하면서 바로 그 과정을 블로그에 써봐도 좋다.

지금은 초보가 왕보초를 가르치는 시대다. 누구나 전문가를 원하지는 않는다. 나보다 조금 앞서간 사람이 최고의 스승이 될 수 있다. 그 사람은 지금 내가 고민하고 있는 것을 바로 직전에 겪었기 때문에 가장 실질적인 조언을 해줄 수 있다. 새벽에 공부한 내용을 꼭 블로그나 카페에 정리하자. 그 과정을 통해 다시 한번 성장할 것이다.

모든 사람은
아티스트로 태어난다

퇴사를 결정한 후 가장 힘들었던 부분은 내가 과연 나를 브랜딩할 수 있을까에 대한 것이었다. 누군가 나를 좋아해야 하는데 어디서든 볼 수 있는 나 같은 평범한 사람을 누가 좋아할까 싶었다. 그리고 그런 생각을 할수록 나 자신이 쪼그라드는 느낌이 들었다.

그렇게 자신감 없는 하루를 보낼 때 개그맨 고명환 님의 기사를 읽게 되었다. 개그맨으로만 알고 있었는데 메밀 음식점을 열었다고 했다. 처음 해보는 사업이었지만 각고의 노력 끝에 성공했고 현재는 다양한 일을 하며 공연기획자로서도 살고 있다는 내용이었다. 그 기사의 사진에는 카페 2층에서 노트북으로 글을 쓰고 있는 고명환 님의 모습이 나왔다. 그 사진을 보며 내가 살고 싶은 삶이 바로 저 모습이라는 생각을 했다.

고명환 님은 출근 시간에 꽉 막히는 도로가 내려다보이는 카페 2층에서 여유롭게 글을 쓴다고 했다. 나도 정말 저런 인생을 살고 싶다는 강렬한 동기가 솟아올랐다. 덧붙여 그 기사에는 고명환 님이 추천하는 책 목록이 나왔다. 그중 관심을 끌었던 책이 세스 고딘의 《이카루스 이야기》였다. 바로 구입해서 읽었고 그중에 강한 인상을 받아 몇 번이나 형광펜으로 칠했던 구절이 있었다.

모든 사람은 아티스트로 태어난다.

머리가 띵했다. 모든 사람이 아티스트라니? 성공한 사람은 태어날 때부터 콘텐츠를 갖고 태어나는 것이 아니란 말인가? 그동안 내 머릿속에 있던 커다란 돌덩이가 깨지는 것을 느꼈다. 어쩌면 내 안에도 내가 찾지 못한 콘텐츠가 있을 수도 있겠다는 생각이 들었고 그것을 찾기 위해 글을 쓰기 시작했다.

내가 가진 것을 사람들에게 알리려면 일단 '내뱉어야' 한다. 글, 영상, 어떤 것이든 상관없다. 나도 처음에는 유튜브를 해볼 엄두가 나지 않았기 때문에 글쓰기를 선택했다. 매일 글쓰기를 하면서 나만의 콘텐츠를 찾으려고 노력했다.

콘텐츠를 찾기 위해서는 인풋과 아웃풋을 동시에 하는 것이 좋다. 인풋은 지식을 쌓는 행위다. 예를 들어 부동산 공부를 한다고 하면 부동산 강의, 부동산 관련 책, 임장을 통한 경험 등이 인풋이 될 수 있다. 하지만 인풋만 해서는 내가 얼마나 성장했는지 알 수 없다. 그건 내가 평가하는 것이 아니라 다른 사람이 평가하는 것이기 때문이다.

그래서 아웃풋을 해야 한다. 대부분 사람이 아웃풋은 어느 정도 성장한 후에야 할 수 있다고 생각한다. 하지만 얼마나 더 성장해야만 할 수 있다는, 적정한 수준이라는 것은 존재하지 않는다. 오히려 지금 인풋을 해나가는 그 과정을 아웃풋으로 공유하는 것이 훨씬 좋다.

과정을 공유하면 사람들에게 신뢰감을 줄 수 있다. 그런 과정의 공유 없이 바로 성공한 사람으로 세상에 등장하면 사람들은 의심부터 한다. '왠지 저 사람은 가짜 같다', '사기꾼 같다'라고 생각하는 것이다. 하지만 몇 년간 내가 얼마나 고생하며 노력했는지 그 과정들을 남겨놓으면 사람들은 나를 믿고 더 좋아한다. '저 사람은 저렇게 힘든 시기를 견뎠기 때문에 해낸 거야', '저 사람이 했다면 나도 할 수 있을 거야'라며 더 공감하고 따라 하고 싶어 하는 것이다.

남들이 하는 것은 다 해봤지만 실패한 이유

인풋과 아웃풋을 동시에 해나가다 보면 얼마 지나지 않아 한계에 부딪히게 된다. 자신이 너무 많은 것을 하고 있음을 알게 되는 것이다. 아직 성과가 나지 않기 때문에 이것저것 열심히 시도한다. 남이 좋다고 하거나 돈이 된다고 하면 그게 내게 맞는지 아닌지도 생각하지 않고 무조건 하고 보는 것이다. 나도 그랬다. 일단 퇴사해야 하는데 그동안 이룬 것은 없고 마음만 조급했다.

그래서 현금흐름을 발생시킨다는 것들은 다 해보려고 했다. 스마트스토어 강의를 듣고 스마트스토어를 만들었다. 쿠팡파트너스도 잘만 하면 매월 100만 원 이상 벌 수 있다는 말에 혹해서 강의를 듣고 쿠팡파트너스를 시작했다. 매일 쿠팡에 있는 물건을 광고하는 글을 적었다. 하지만 아무리 열심히 해도 1만 원도 벌기 어려웠다. 인스타그램도 잘만 운영하면 돈이 된다고 해서 인스타그램 강의도 들었고 하라는 대로 했다. 그러나 이것도 수익과는 연결되지 않았다.

그러다 전자책을 쓰면 돈이 된다고 해서 전자책을 쓰기 시작했다. 어떤 주제로 할지 고민하다가 부동산을 주제로 정했다. 밤새 목차를 짜고 전자책을 만들어 전자책 플랫폼에 제안했지만 계속 거절당했다. 그러다 드디어 전자책을 낼 수 있게 되었는데 예상과는 다르게 처음에 지인들이 몇 권 사준 게 끝이었다. 내 책은 수많은 전자책에 묻혀 아무도 발견할 수 없는 망망대해의 한 점으로 남았다.

많은 것을 시도하고 실패하면서 알게 된 사실이 있다. 내가 너무 많은 것을 하려 했고 에너지를 나눠 쓰다 보니 어느 것 하나 제대로 되지 않았다는 사실이었다. 그때 내가 잘못하고 있다는 것을 알려준 책이 게리 켈러, 제이 파파산이 쓴 《원씽》이다. 이 책은 지금 내가 할 수 있는 '단 하나'를 정하라고 한다. 단 하나를 정하고 거기에 에너지를 모두 쏟아야 한다는 것이다. 이미 알고 있는 내용이었지만 그때의 내게 새롭게 다가왔다. 이 책은 내 인생의 단 하나는 무엇인지 다시 한번 생각해보는 계기가 됐다.

누구나 잘하는 것은 있다

그렇다면 내가 잘하는 것은 무엇일까? 이것을 찾아내는 게 굉장히 어려웠다. 잘한다는 것의 기준은 무엇일까? 사실 그 기준은 지극히 주관적일 수 있다. 그나마 내가 할 수 있는 것 중 잘하는 것을 적어보니 다음과 같았다.

부동산 투자

자녀 홈스쿨링

글쓰기

부동산 투자는 강의를 듣지 않고 시작했다. 혼자 하다 보니 실패도 많이 했다. 하지만 누군가의 말을 듣고 한 게 아니라 그 과정들을 통해 스스로 기준을 만들어갈 수 있었다. 투자라는 것도 결국은 혼자 해야 한다. 처음에는 강의를 통해 방향을 잡을 수는 있지만 보유한 물건을 언제 팔지, 언제까지 보유할지는 자기만의 기준으로 정해야 한다. 많이 해볼수록 투자도 잘하게 되는 것이다.

자녀 홈스쿨링은 사실 첫아이가 세 살이 되던 때부터 시작했다. 매일 책을 읽어주었다. 아이가 글을 못 읽었기 때문에 스토리를 노래로 만들어서 계속 불러주었다. 그렇게 하니 아이가 책을 좋아했다. 책을 책꽂이에 꽂지 않고 언제든 아이가 만질 수 있도록 바닥에 깔아놓았다. 책으로 징검다리도 만드는 등 최대한 많이 접할 수 있게 해주었다.

이때는 아이가 한글도 제대로 알지 못했지만 영어를 자연스럽게 받아들였으면 하는 마음에 영어 만화를 항상 틀어주었다. 아이가 초등학교 1학년이 되고부터는 매일 시간을 정해서 영어 원서와 영상을 함께 봤다. 그렇게 5년 이상을 하다 보니 아이는 영어를 공부가 아닌 하나의 일상으로 생각하게 되었다.

여기서 하나를 정해야 했다. 이 중에서 무엇으로 정할까? 대부분은 자신이 좋아하는 일을 선택할 것이다. 하지만 그러면 안 된다. 좋아하는 것도 일이 되면 더 이상 좋아지지 않기 때문이다. 그렇다면 내가 잘하는 것으로 정하고 에너지를 쏟는 것이 좋다. 그게 사람들의 문제를 해결해줄 수 있다면 금상첨화다. 그렇게 생각해보니 딱 떠오른 것이 '부동산 투자'였다.

물론 자녀의 교육에 대한 니즈도 강하다고 생각했지만 그보다 돈에 대한 결핍을 가진 사람이 더 많다고 생각했다. 돈을 좋아하는 사람도 있고 그렇지 않은 사람도 있지만 돈이 없으면 불행하다는 것은 누구나 인정한다. 돈이 없어 제때 밥을 먹을 수 없고 당장 이자 낼 돈도 없다면 삶이 불행할 수밖에 없다. 돈 때문에 직장의 노예로 일해야 하고, 돈 때문에 가족 간 불화가 생기기도 한다. 이런 문제를 내가 해결해줄 수 있다면 사람들은 나를 좋아하게 되고 나는 그 분야의 전문가가 될 수 있지 않을까? 그렇게 생각하니 더욱 부동산 투자 쪽으로 마음이 기울었다.

지금 내가 좋아하는 것과 잘하는 것을 적어보자. 그중에서 사람들의 문제를 해결해줄 수 있는 건 무엇일까? 그게 바로 당신이 뛰어들어야 할 곳이다.

내 콘텐츠를
수익으로 만드는 법

내가 잘하는 것 중에서 콘텐츠를 발견했다면 이제는 그 콘텐츠를 수익으로 연결해야 한다. 지금까지 그토록 열심히 콘텐츠를 찾고 시간과 노력을 쏟아 전문가가 되려고 했던 이유는 그 콘텐츠를 통해 수익을 낼 수 있기 때문이다.

나만의 콘텐츠를 수익과 연결하는 방법은 어떤 분야든 원리는 거의 비슷하다. 그 원리에 따라 한 가지만 제대로 해보면 어디든 적용할 수 있다.

맥락을 만들어가는 과정

처음에는 이렇게 작은 시도들이 정말 돈으로 연결될까 싶었지만 조금씩 하다 보니 그 원리를 깨달았다. 처음에는 10만 원, 콘텐츠가 쌓이니 100만 원, 나중에는 1,000만 원까지…. 이전에는 상상도 할 수 없던 일들이 내 앞에 벌어졌다. 나는 대체 어떻게 해냈을까?

내가 경험한 부동산 분야를 살펴보자. 처음부터 부동산 강사로 활동하는 것은 어렵다. 아무리 매일 부동산을 주제로 글을 쓰고 브랜딩을 했다고 해도 갑자기 등장해서 부동산 강의를 한다고 하면 맥락이 없기 때문이다. 어떤 면에서 보기엔 거부감이 들 수도 있다. 그래서 우선은 맥락을 만들어가는 과정이 필요하다.

처음부터 유료로 하기보다는 무료로 무언가를 제공하는 과정이 있어야 한다. 나는 맨 처음 블로그에 부동산 초보들을 위한 무료 상담 게시판을 만들었다. 나 역시 부동산에 대해 잘 알지는 못했지만 이제 막 시작하는 분들에게 조언은 해줄 수 있다고 생각했다. 많은 분이 질문을 주지는 않았지만 한 분이라도 질문을 주면 정말 쉽게 이해할 수 있도록 친절하게 답변을

드렸다. 내가 이 게시판을 만들며 가장 먼저 정했던 원칙은 정말 쉽고 친절하게 알려드리자는 것이었다.

당시 부동산 강의를 하는 분들은 지금도 그렇지만 남자들이 대부분이었다. 그런데 수강생들이 기초적인 내용을 이미 알고 있다고 생각하는지 쉽게 설명해주지 않았고 친절함을 기대하기도 어려웠다.

그래서 초보들은 전문가들에게 이것저것 물어보기를 주저하는 경우가 많았다. 무시당하거나 핀잔당할까 봐 두려웠기 때문이다. 그것을 보면서 나는 여기에 기회가 있다고 생각했다. 같은 부동산 정보를 제공하더라도 정말 친절하고 쉽게 설명한다면 나만의 차별점이 생길 것이었다. 내 생각은 적중했다.

그다음 시도한 것은 무료 멘토링이었다. 처음으로 공지를 냈다. 무료로 부동산 상담을 해드릴 테니 신청서를 작성하라고 했다. 한 사람도 신청하지 않을 줄 알았는데 무려 다섯 명이나 신청했다. 너무 감사했다. 원래는 두 명 정도만 하려고 했는데 너무 감사해서 모두 상담을 해드렸다.

사람들은 그저 본인들의 고민을 들어주는 것만으로도 고마워했다. 만약 유료 상담이었다면 더 많은 것을 기대했을 수도 있지만 무료였기 때문에 나도 부담이 없었다. 진심으로 이야기를 들어드리고 조언을 해드렸다. 그때 참여했던 사람들의 후기를 보면 정말 만족했다는 것을 알 수 있었다. 멘토링을 했던 과정, 후기들을 모두 블로그에 남겼다. 그렇게 했던 이유는 맥락을 만들기 위해서였다. 누군가에게 무료로 무언가를 제공해주었다는 사실과 그것에 만족했던 후기들은 나를 더 신뢰할 수 있는 사람으로 만들어주었다.

다음 단계로는 유료 부동산 스터디를 시작했다. 당시 멘토가 한 이야기 중 월급 외 수익으로 1만 원을 벌어보라는 것이 있었다. 그 이야기를 듣고 월급 말고 내가 가진 것으로 어떻게 하면 1만 원을 벌 수 있을지 궁리하기 시작했다. 도저히 떠오르지 않았다. 머리칼을 쥐어뜯으며 좌절하기도 했다. 어떻게 내 콘텐츠로 단돈 1만 원도 벌 수 없을까? 그렇게 생각에 생각을 거듭하다 소규모로 부동산 스터디를 진행하기로 했다. 지금 생각하면 스터디라기보다는 부동산 독서 모임에 더 가까웠다. 매주 네 번 만나서 2시간 정도 부동산 공부를 할 생각이어서 비용은 5만 원으로 정했다.

동네 인근 스타벅스에서 일요일 아침 8시에 만나기로 했다. 공지했을 때 유료 스터디였기 때문에 정말 아무도 신청하지 않으리라 생각했다. 단 한 분이라도 신청한다면 정말 그분을 위해 최선을 다해야겠다고 생각했다. 그런데 무려 다섯 분이 신청해주셨다. 바로 내 블로그에 자주 공감을 눌러주고 댓글을 남겨준 분들이었다. 같은 지역에 사는 분들이라서 매주 일요일에 만나 부동산 스터디를 하기로 했다.

우리는 부동산 책을 한 권 정해서 같이 읽고 이에 대한 생각을 공유했다. 나는 임장 과제도 내드렸다. 각자 원하는 지역에 임장을 다녀와서 토론했고 그 과정이 너무 재미있었다. 첫 부동산 스터디를 통해 부동산 강의를 할 수 있겠다는 자신감을 얻었다.

이제 본격적으로 시작해보고 싶어 부동산 정규 강의를 론칭했다. 사실 공지를 내기 전까지 정말 고민을 많이 했다. 그렇게 고민을 하던 날 밤, 나보다 훨씬 일찍 투자와 강의를 시작한 지인으로부터 연락이 왔다. 그녀는 고민하던 내게 이런 말을 해주었다.

"세빛희 님, 뭐가 고민이에요? 저도 제가 아는 것만 알려드려요."

내 눈에는 너무나 완벽해 보이는 분이었다. 하지만 그녀도 강의하면서 아는 것만 알려드리고 모르는 건 솔직하게 모른다고 대답한다고 했다. 그때까지도 나는 부동산에 대해 완벽하게 알아야만 강의를 할 수 있다고 생각했다.

그녀의 이야기를 듣고 용기를 내서 바로 다음 날 강의 모집 공지를 냈다. 정말 감사하게도 모집 인원인 10명을 모두 채울 수 있었다. 공지를 내고 그때부터 강의 자료를 만들기 시작했다. 만일 아무도 신청하지 않으면 다시는 강의하지 않을 생각이었다.

매일 새벽부터 저녁까지 강의 자료를 만들었다. 거의 종일 책상에 앉아 있었다. 몸도 너무 아팠지만 어떻게든 자료를 만들어야 한다는 일념으로 모든 에너지를 쏟았다. 자료를 만들면서 지금까지 내가 경험했던 것, 배운 지식이 한 번에 정리되었다. 유료로 강의하는 것이었기 때문에 최선을 다할 수밖에 없었다. 그렇게 시작된 부동산 정규 강의를 지금도 꾸준히 해오고 있다.

퇴사 후 나의 현금흐름에서 가장 큰 부분을 차지하는 것도 부동산 강의 수익이다. 앞에서 이야기한 경험들이 없었다면 지금과 같이 부동산 강사로 성장할 수 없었을 것이다. 매 순간 결정과 도전을 해야 하는데 사실은 매우 두려웠다. 두려움에 직면할 때마다 남과 비교하기보다는 나 자신에게 집중했다. 유명하고 대단한 강사들이 많지만 분명 나를 선택할 이유가 있다고 생각했다. 그렇게 자신감을 갖고 앞으로 나아갔다.

지금은 부동산 분야뿐만 아니라 자기계발 분야로도 파이프라인을 확장하고 있다. 이와 관련해 새벽 기상 모임과 블로그 글쓰기 강의도 시작했다. 이미 부동산 분야에서 수익을 내봤고 어떻게 하는지 방법을 알기 때문에 다른 분야도 어렵지 않게 시작할 수 있었다.

새벽 기상 모임을 하기 전부터 새벽 기상에 대한 글을 많이 쓰기 시작했다. 매일 새벽 4시 기상을 하고 어떤 일을 하는지, 이로써 하루를 얼마나 여유롭게 보낼 수 있는지 적었다. 새벽 기상 모집 공지를 하기 전에는 정말로 신청할 사람이 있는지 확인하기 위해 글을 썼다. '새벽 기상 모임을 곧 공지하려고 하는데 신청하실 분이 있을까요?'라고 적으면 댓글이 달린다. 이를 통해 어느 정도 수요가 있는지를 예상해볼 수 있다.

블로그 강의도 마찬가지였다. 퇴사 준비를 하면서 새벽 글쓰기를 했던 이야기를 자주 적었다. 퇴사를 꿈꾸고 나만의 콘텐츠를 만들기 위해서는 글쓰기가 필수라는 이야기도 적었다. 그리고 블로그 강의를 하게 되면 신청할 분이 있을지 궁금하다

콘텐츠로 수익을 내는 원리

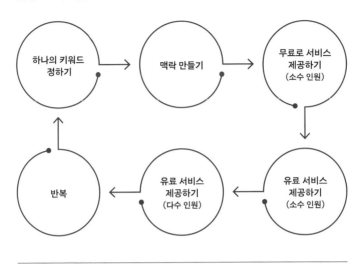

는 글도 남겼다. 그랬더니 정말 수십 개의 댓글이 달렸다. 이를 통해 부동산뿐만 아니라 자기계발 분야에서도 나를 원하는 수요가 있음을 알게 되었고 자신감을 얻었다.

내 안의 콘텐츠를 발견하고 수익으로 연결하는 방법은 지금 소개한 이 과정대로 해보면 된다. 특별히 다른 방법이 있는 게 아니며 핵심은 이것이다.

'자기만의 콘텐츠를 발견하고 맥락을 만들어간다.'

2장 새벽 4시, 내 안의 꿈을 이루는 시간

자연스럽게 팬들의 마음에 스며들고 마음을 움직일 수 있어야 한다. 그러기 위해 가장 중요한 것은 진정성이다. 내가 정말로 그들을 도와주려는 마음을 보이면 그들도 느낀다. 그렇게 진짜 소통을 할 수 있어야 수익으로 연결된다. 처음부터 이 콘텐츠로 얼마를 벌어야겠다고 생각하기보다는 이 콘텐츠로 어떻게 사람들을 도와줄 수 있을지를 생각한다면 돈은 저절로 따라올 것이다.

아주 작은 것부터
시작하라

시작이 어렵다는 분들은 처음부터 완벽하게 하려고 하기 때문에 그런 경우가 많다. 모든 것을 하루 만에 다 하거나 매일 하기는 어렵다. 또한 완벽하게 하고 싶다는 마음 때문에 포기하기도 한다. 못하는 사람으로 낙인찍히기보다 아예 포기하는 편이 더 낫다고 생각하기 때문이다. 하지만 이런 생각은 정말 잘못된 것이다.

　아무리 부족하더라도 일단 해보는 게 중요하다. 최근에 읽었던 존 크럼볼츠의 《빠르게 실패하기》라는 책에서는 처음부터 완벽하게 시작하지 말고, 하고 싶은 것을 일단 시도하고 빠르게 실패를 경험해보라고 한다. 그리고 실패를 통해 왜 실패했는지 알아야 한다. 그 이유는 시도하기 전에는 결코 알 수 없다. 이후 실패를 통해 알게 된 것을 다음 시도 때 적용하면 된다. 그런 과정을 겪으며 점점 더 개선되고 조금씩 완벽을 향해 나아가게 된다.

어떤 일이든 해보기 전에는 어떤 문제가 있는지 알 수 없으며 일단 해봐야 안다. 그러니 해보기도 전에 포기하는 어리석은 행동은 하지 않도록 하자.

완벽하지 않아도 괜찮아

내가 완벽주의자였다면 절대로 유튜브를 시작할 수 없었을 것이다. 당시 유튜브는 말 그대로 '레드오션'이었다. 이미 구독자를 많이 보유한 유튜버들도 상당했고 그들은 화려한 영상으로 구독자의 마음을 사로잡고 있었다. 반면에 나는 편집도 할 줄 몰랐고 가진 거라곤 3년째 쓰고 있던 낡은 휴대전화 하나가 전부였다. 조명도 없었고 책상 위에 있던 탁상용 스탠드가 전부였다. 마이크도 없어서 우선 1만 원 정도 하는 유선 마이크와

저렴한 삼각대 하나만 구입했다. 당시 내 주변에도 유튜브를 하고 싶어 하는 사람들이 있었는데, 그들에게 왜 유튜브를 시작하지 않느냐고 물으면 이렇게 말했다.

"장비부터 마련해야 하는데 지금은 돈이 없어서 안 돼."

무언가를 시작할 때 좋은 장비부터 마련해야 한다고 생각하는 사람들이 있다. 하지만 5년간 유튜브를 운영해온 사람으로서 확실하게 말할 수 있는 건 절대 그렇지 않다는 것이다. 나 역시 처음에는 좋은 장비가 있어야 시작할 수 있다고 생각했다. 하지만 휴대폰 하나로만 촬영해서 수십만 명의 구독자를 보유하게 된 유튜버들도 정말 많다.

초기 나의 채널 영상들을 보면 너무 부끄럽다. 화면 구도도 맞지 않고 음량도 좋지 않으며 화면 속 나는 지금보다 더 심한 사투리를 쓰고 있다. 섬네일도 만들 줄 몰라서 영상 그대로 업로드했다. 그래도 일단 시작하기로 했으니 끝까지 해보자는 마음으로 토요일, 일요일 매일 두 개씩 영상을 촬영해서 매주 네 개 정도 업로드했다.

댓글을 달아주는 구독자도 없었다. 하지만 내가 유튜버가 되었다는 사실만으로도 너무 뿌듯했다. 매일 내가 올린 영상을 흐뭇하게 시청했다. 그렇게 부족했던 나의 채널도 시간이 지날

수록 점점 개선되었다. 좀 더 음량이 좋은 마이크를 구입했고 웹캠을 사서 모니터에 달았다. 섬네일 만드는 법도 공부해서 예전보다는 훨씬 나은 영상들을 올릴 수 있었다.

유튜브를 하면서 가장 크게 느낀 점은 사람들은 영상의 질 보다는 내용에 더 집중한다는 것이었다. 유튜브 영상들이 매번 높은 조회수와 구독률을 기록하는 건 아니다. 어떤 한 영상이 '떡상'을 하면 그동안 올린 다른 영상들의 조회수까지 함께 올라가는 일이 발생한다.

내게도 그런 일이 발생했다. '부자가 되려면 2주택자가 되세요'라는 제목의 영상이었다. 하지만 그 영상은 마이크도 없이 아이를 기다리는 차 안에서 대본도 작성하지 않고 혼자만의 생각을 핸드폰으로 촬영한 영상이었다. 혼자 주절주절 두서없이 떠들었다. 내가 보기에도 그 영상을 업로드하면 분명 욕을 먹을 것 같았다. 그렇게 고민하고 있는데 아이들이 이런 말을 했다.

"엄마, 그냥 올리세요."

그 말을 듣고 정말 그냥 올렸다. 그런데 놀랄 만한 일이 발생 했다. 영상의 조회수가 치솟더니 1만 정도였던 구독자 수를 8만까지 올리는 데 1등 공신 역할을 한 것이다. 현재 그 영상의 조회수는 50만 회 정도다. 물론 악플도 많이 달렸지만 많은 분이 도움이 되었다는 댓글을 남겨주었다. 8만이 넘는 구독자분들 덕분에 현재까지 두 권의 책을 냈고 1인 기업가이자 부동산 교육자로 살 수 있게 되었다.

너무 완벽하게 하려고 했다면 절대 그런 영상을 만들지 못했을 것이다. 특히 유튜브는 완벽하게 하기보다는 가볍게 시작하는 것이 좋다. 만약 영상 하나를 일주일 동안 공을 들여 만들어서 업로드했다고 치자. 기대와는 다르게 영상의 조회수가 바닥을 긴다면 마음이 어떨까?

그동안의 노력이 떠올라 상심이 클 것이다. 다음 영상을 만들 힘조차 나지 않을 것이다. 하지만 일상에서 즉흥적으로 생각난 주제를 가지고 대략 말할 내용을 정리해서 촬영하고 바로 편집자에게 전송 후 업로드한다면 어떨까? 이렇게 하면 총 들어가는 시간이 2시간이면 족하다. 이렇게 덜 완벽하더라도 좀 더 많이 시도하고 생산량을 늘리면 그 안에서 잘 안 되는 것들이 나와도 덜 상심하게 된다. 그렇게 많은 공을 들이지 않았기 때문이다.

그리고 이렇게 선택지를 많이 만들어두면 그 안에서 다시 떡상할 수 있는 영상이 생길 확률도 상대적으로 더 올라간다. 그

2장 새벽 4시, 내 안의 꿈을 이루는 시간

래서 너무 완벽하게 하기보다는 덜 완벽해도 계속 시도하면서
실력을 키워가는 것이 훨씬 좋은 방법이라 생각한다.

해봐야 알게 되는 것들

나는 새벽 기상 모임에도 '빠르게 실패하기'를 적용했다. 처음
시작하기로 마음먹었을 때 어떻게 운영하면 좋을지 계획을 세
웠다. '매일 새벽 기상 인증을 하고 줌 독서실에서 생산 활동을
한다.' 하지만 이렇게만 해서는 동기를 부여하기는 부족하다고
생각했다. 매일 일어날 수밖에 없는 동기부여 요인을 만들어야
겠다고 생각했다. 그래서 새벽 기상과 생산 활동 인증을 열심
히 한 사람을 뽑아 오프라인 미팅을 하겠다고 공지했다.

그렇게 새벽 기상 모임을 하다 보니 문제가 생겼다. 매일 새
벽에 줌 독서실을 열어야 하는데, 하루는 아이가 악몽을 꾸고
나서 새벽까지 잠을 뒤척였다. 우는 아이를 달래면서 들었던
생각은 '내일 새벽에 줌 독서실을 열어야 하는데 어떡하지?'였
다. 그 걱정에 한 시간도 잘 수 없었다. 매일 생산 활동을 인증
한 것을 체크하기도 쉽지 않았기에, 이 부분을 도와줄 수 있는
사람들을 모아서 같이 하기로 계획을 수정했다.

우리는 각자 요일을 맡아서 줌 독서실을 열기로 순서를 정했다. 그리고 매일 생산 활동을 체크하는 일도 조장을 뽑아서 맡기고 수고스러운 일을 담당해준 조장에게는 특전을 주기로 했다. 그 결과 장기적으로 이 프로그램을 운영할 수 있었다. 이런 일들은 결국 해봐야 알 수 있다.

어제는 첫째 아이가 유튜브를 시작한다며 배경지를 사달라고 했다. 아이가 유튜브를 시작하겠다고 한 지가 1년이 다 되어가는데, 너무 잘하려고 하다 보니 시작조차 못 하고 있었다. 제대로 된 주제도 없는데 계속 장비만 신경 쓰는 것이다. 도저히 안 되겠다 싶어 첫째에게 한마디 했다.

"너무 완벽하게 하려고 하면 평생 시작도 못 한단다."

최근에는 둘째 아이도 유튜브를 시작했다. 쇼츠 영상을 올렸는데, 집에서 요플레를 먹다가 뚜껑에 요플레가 덜 묻는 방법이 없을까를 고민했다고 한다. 그러다 요플레를 뒤집어서 통통통 두드렸다가 다시 뚜껑을 여니 뚜껑 안쪽에 요플레가 하나도 묻지 않았다고 한다. 그걸 다른 사람들에게 알려주고 싶어서 휴대폰으로 촬영했고 그렇게 올린 영상이 이틀 만에 조회

수 1,600회를 넘겼다. 누군가 구독도 눌러줬다. 아이는 다음 영상으로 강아지 풍선 만들기를 올렸고, 그때부터 매일 어떤 영상을 올릴지 고민한다. 이렇게 초등학생도 할 수 있다. 이 책을 읽고 있는 당신은 왜 아직 시작하지 못하는지, 혹시 완벽주의자는 아닌지 곰곰이 생각해보길 바란다.

처음부터 완벽할 수는 없다.
지금 인기 있는 유튜브도 처음부터 대형 채널은 아니었다.
그들도 채널을 몇 번이나 지우고 반복하던 시간이 있었다.
그 시도들이 모여 지금의 성공을 이룬 것이다.

처음에는 정답이라 생각했던 것도 막상 시도해보면 그렇지 않은 경우도 많다. 사람은 지극히 주관적이다. 완벽함의 기준도 지극히 주관적이다. 도대체 완벽하려면 어디까지 해야 하는 걸까? 온라인에서 하는 게임은 내가 열심히 하고 잘하게 되면 단계가 올라간다. 레벨 업으로 내가 얼마나 잘하고 있는지 알 수 있다. 하지만 나의 성장은 측정할 수 있는 단계가 존재하지 않는다. 지금 내가 3단계에 와 있는지, 5단계에 와 있는지 알 수 없다. 측정조차 할 수 없는데 완벽한지는 어떻게 알 수 있을까? 이를 판단하는 것은 결국 내가 아니라 다른 사람들이다. 사람들에게서 받는 피드백을 통해 확인할 수밖에 없다. 피드백을 받으려면 반드시 무언가 행동을 해야 한다.

많은 사람이 형편없다고 욕했다면 정말로 내 실력이 형편없을 수 있다. 하지만 단 한 명이라도 정말 도움이 되었다고 댓글을 단다면 희망이 있다. 다음에는 좀 더 구체적으로 내용을 보완하면 된다. 좋다는 사람이 더 늘었다면 확실히 그 방향이 옳다는 것이고 나 역시 성장하고 있다는 것이다. 이런 식으로 자신의 실력과 단계를 검증할 수 있으며 이는 시작하지 않으면 확인할 수 없는 것이다.

사소한 약속부터 지켜라

매일의 목표가 너무 크거나 어려운 일이라면 시작조차 할 수 없다. 오늘 당장 할 수 있는 작은 것들로 목표를 쪼개보자. '오늘 대구시의 10년간 매매지수 딱 하나만 체크해야지!' 사실 이것을 체크하는 데 드는 시간은 5분도 걸리지 않는다. 하지만 그 작은 것이라도 하기로 약속했고 정말로 해냈다면 성취감을 느낄 수 있다. 성취감이라는 것은 대단한 일을 했다고 해서 느끼는 감정이 아니다. 작은 일이라도 나와의 약속을 지킨 데에서 느끼는 감정이다. 매일 내가 할 수 있는 작은 약속들을 만들어보자. 미리 전날 저녁에 정해두면 된다.

그리고 새벽 시간에 그 작은 약속들을 하나씩 실행하라. 작은 단위이기 때문에 전혀 부담되지 않을 것이다. 우리가 조급해지는 가장 큰 이유는 단기간에 이루려고 하기 때문이다. 하지만 그 어떤 것도 단기간에 이뤄지는 것은 없다. 힘든 시간을 견딘 만큼 가치 있는 것을 얻을 수 있음을 기억하자. 당장 이루려고 하면 뭔가 매일 대단한 일을 해야겠다는 생각이 든다. 하지만 그렇게는 절대로 할 수 없다. '대단한 일'이라는 것 자체가 모호하고 관념적인 개념이기 때문이다.

따라서 최대한 구체적이고 작은 단위로 쪼개는 것이 중요하다. 이런 작은 일들을 조금씩 해내겠다는, 좀 더 장기적인 시각으로 바라보면 마음이 조급해지지 않는다. 지금은 미약해 보이지만 쌓이고 쌓이면 무시하지 못할 수준이 된다.

작은 눈 뭉치는 힘이 없다. 하지만 계속 눈밭 위에서 굴리면 큰 눈덩이가 되고 집 한 채를 박살 낼 정도의 위력을 갖기도 한다. 매일 새벽 내가 정한 작은 약속들을 하나씩 실행하자. 오늘도 나와의 약속을 지켰다는 성취감이 나의 하루를 빛나게 하고 나의 한 달, 나의 1년, 나아가 나의 인생을 빛낼 것이다. 그때까지 꾸준한 인내심으로 오늘 해야 할 일을 조금씩 해나가자.

사람마다
부의 그릇이 다르다

흔히 사람들은 돈이 많으면 행복할 것이라고 생각한다. 하지만 현실은 그렇지 않다. 돈 때문에 불행해지는 사람들도 생각 이상으로 많다. 뉴스에서 종종 접하는 로또 당첨자들이 그중 한 사례다. 갑작스럽게 생긴 몇십억의 돈을 제대로 관리하지 못해 파산하는 경우도 많다.

나는 돈도 써본 사람이 제대로 쓸 줄 안다고 생각한다. 큰돈은 그 정도의 돈을 다뤄본 사람에게 간다. 그것이 바로 부의 그릇이다.

신뢰를 쌓는다는 것

이즈미 마사토의 《부자의 그릇》에서는 부자가 되려면 그릇부터 거기에 맞게 마련해야 한다고 한다. 이 책을 읽고 많은 생각을 했다. 매일 새벽에 일어나 어떻게 부자의 그릇을 키울지 생각했고, 결국 이는 돈이 어디서 생겨나는지에 관한 질문이었음을 알게 되었다. 돈은 나를 좋아하는 사람에게서 온다. 그 사람들이 나를 더 좋아하게 만들어야 돈이 내게 더 많이 오는 것이다.

처음에는 나를 좋아하는 사람들이 계속 유지되거나 더 많아질 거라고 생각했다. 하지만 연예인들을 보더라도 인기가 영원한 것은 아니다. 인기라는 것도 상승하는 순간이 있으면 하락하는 순간도 있다. 하지만 사람들은 인기가 오르면 영원히 그 상태가 이어지리라 생각하고 거만해지곤 한다. 그래서 어느 순간 인기가 추락하거나 사그라지면 이를 견디지 못한다. 스트레스가 극심한 경우는 자살을 선택하기도 한다.

나 역시 비슷한 경험이 있었다. 2021년 12월부터 인생이 바뀌기 시작했다. 그동안 나를 거절했던 채널에서 인터뷰 요청이 쇄도하기 시작했다. 내 첫 책은 계속 베스트셀러 상위권에 있었다. 방송 촬영을 하고 싶다는 제안도 많이 들어왔다. 이게 무슨 일인가 싶었다. 정신 없이 그런 채널들에 출연했다.

그러다 어느 순간 숨고 싶다는 생각이 들었다. 갑자기 나를 너무 많은 사람이 찾아주는 게 낯설고 겁이 났다. 계속 오는 연락들이 두렵게 느껴져 모든 제안을 거절하고 숨어버렸다. 그렇게 1년을 살다 보니 어느새 그런 제안들도 잠잠해졌다.

갑자기 나를 찾는 사람들이 많아졌을 때는 기분이 좋았고 그 인기가 계속 이어질 거라고 생각했다. 하지만 그렇지 않았다. 점점 나를 찾는 사람들도 줄었고 유튜브 채널도 정체되기 시작했다. 그러면서 인기라는 것도 한순간이라는 말을 실감했다. 나를 좋아해주는 사람들도 영원하지 않다. 언제든 돌아설 수 있다. 그런 사람들을 늘 내 곁에 있게 만들 순 없을까? 그러기 위해서는 숨기보단 그런 사랑을 수용할 수 있는 그릇을 키워야겠다고 생각했다.

돈이라는 것은 신용이다. 예전에는 물건끼리 교환을 했다. 그러다 물건끼리 교환하기는 너무 번거로워 이를 대신할 수 있는 징표로 돈을 만들었다. 돈을 신뢰하기 때문에 그 돈을 주면 내가 원하는 물건을 주는 것이다. 그래서 돈은 신뢰할 수 있는 사람들에게 모인다.

실제로 부자들은 자신의 가치를 올리는 일에는 돈을 아끼지 않는다. 주변 지인 중 부동산 강의를 듣는 데만 수천만 원을 쓴 사람이 있다. 그 수천만 원이라는 돈은 그 지인이 신뢰하는 부동산 강사에게 간 것이다. 그 강사도 부자가 되지만 그 지인도 부자가 되었다. 강사가 알려준 부동산 지식들이 지인의 실력을 향상시켰고 더 좋은 투자를 하면서 자산을 늘려갈 수 있었던 것이다.

처음 유튜브를 시작할 때 나는 내 마음대로 했다. 그렇게 하다 보니 몇 년간 구독자 50명에서 벗어날 수 없었다. 그 숫자도 대부분 지인이었고 나를 좋아해서 구독한 사람이 거의 없었다. 도저히 안 되겠다 싶어 유튜브 컨설팅과 강의를 신청했고 이로써 나의 문제점을 알게 되고 방향을 잡을 수 있었다. 유튜브 컨설팅과 강의에 대한 비용이 발생했지만 결과적으로 내 가치가 더욱 올라갔고 구독자도 8만 명 넘게 늘어났다.

이런 원리를 깨닫고는 새벽 시간에 나의 가치를 올리는 일에 집중했다. 나의 가치를 올려야 사람들이 나를 더 좋아하고 신뢰할 수 있다고 생각했다. 사람들이 나를 신뢰하려면 내가 일관성이 있어야 했다. 예를 들어 어제는 부동산이 하락한다고 했다가 오늘은 부동산이 상승한다고 하면 누가 내 말을 믿어줄까? 내가 쓰는 글에는 일관성 있는 주장이 들어가야 했다. 그래서 내가 일관적인 어조로 글을 쓰는지 항상 체크했다.

새벽에는 최대한 많은 경험을 하려고 했다. 사실 나는 지방 대학교에서 국문학을 전공했으며 그간의 이력에서도 부동산과 연결되는 지점이 전혀 없었다. 이런 사람이 부동산을 알려준다고 하면 뭐라고 생각할까? 지금도 유튜브에는 부동산 교수들이나 전문가들이 나와서 부동산을 이야기한다. 아무것도 아닌 내가 무슨 근거로 부동산을 알려줄 수 있을까? 그래서 그들보다 더 많이 공부하고 경험하려고 했다. 내가 부족한 것을 시간으로 채워보려고 했다.

매일 새벽부터 저녁까지 주말도 없이 공부에 몰입했다. 이해가 안 되는 것은 손으로 하나하나 모두 받아 적었다. 부동산 관련 유튜브 영상과 강의를 모두 에버노트에 옮겨 적었고, 유튜버나 강사가 다른 사람에게 상담해주는 내용까지도 모두 적었다. 그렇게 적어나가다 보니 그들의 생각이 온전히 나에게로 옮겨왔다. 또한 매주 한 주를 정해서 전화 임장을 했고 주말마다 임장을 다녔다.

우리 가족은 휴가도 없었다. 시간이 날 때마다 임장을 다녀야 했기 때문이다. 미치도록 더운 날이든, 태풍이 오는 날이든 상관없었다. 그렇게 치열하게 부동산 공부를 하다 보니 어느새 누군가를 가르칠 수준이 되었고 내가 하는 이야기가 너무 쉽고 명확해서 좋다는 반응이 오기 시작했다. 이렇듯 내게 없는 부의 그릇을 키우려면 미치도록 경험할 수밖에 없다. 남과 똑같이 해서는 절대 남을 넘어설 수 없다. 내가 직접 경험한 시간은 절대로 나를 배신하지 않는다.

그렇게 내가 가진 부의 그릇도 조금씩 커졌다. 사실 부동산 거래를 할 때 주고받는 돈의 단위 자체가 최소 100만 원 단위다. 보통 1,000만 원, 1억 원 단위로 거래한다. 아직도 같이 공부했던 친구가 했던 말이 생생하다. "예전에는 시장에서 몇백 원 깎으려고 아등바등했는데 이제는 부동산에서 몇천만 원 조정하는 게 아무렇지 않아." 그만큼 돈의 그릇이 커진 것이다.

돈의 그릇이 커지면 작은 일에 연연하지 않게 된다. 세상을 더 크게 보게 된다. 그리고 베풀 줄 알게 된다. 돈을 아끼느라 커피 한잔도 자기 돈으로 사 먹지 않던 친구가 어느 날 나와 다른 친구들에게 스타벅스 음료를, 그것도 벤티 사이즈로 사주기도 한다. 부의 그릇이 커지면 이렇게 여유로워진다.

돈이 저절로 나에게 왔다

그렇다면 부의 그릇을 키우기 위해 어떤 연습을 하면 좋을까? 가장 중요한 것은 돈을 좇지 말아야 한다는 것이다. 돈을 좇으면 결과적으로 신뢰를 잃게 된다. 최근에 봤던 기사가 있다. 우리나라 김치 명장으로 불리는 분이 썩은 배추로 김치를 담근 것이다. 그는 돈을 좇으면서 결국 신뢰를 잃고 그동안 쌓아온 부까지 모두 잃게 되었다.

최근 읽었던 책《거절당하기 연습》에 나왔던 사례도 생각난다. 거절당하기 100일 연습을 하고 있던 저자가 한 도넛 가게를 방문했다. 그러고는 당연히 거절당하겠지 생각하며 점원에게 올림픽 오륜기처럼 도넛을 만들어달라고 했다. 곰곰이 생각하던 점원은 15분만 시간을 달라고 한 후 정말 오륜기 모양으로 도넛을 만들어주었다. 이 영상은 전 세계적으로 인기를 끌었고 오륜기 모양으로 도넛을 만든 그 점원은 유명세를 타게 되었다. 돈을 좇는다면 굳이 쓸데없는 일에 시간을 쓰지 않을 것이다. 하지만 그 점원은 돈을 좇기보다는 고객에게 집중했고 그 덕분에 신뢰라는 더 큰 자산을 얻었다.

나는 매일 새벽마다 돈을 좇지 않으려고 다짐했다. 그래서 긍정 확언도 '돈이 저절로 나에게 왔다'라고 적었다. 돈을 좇는다는 건 사람이 아닌, 그 사람이 나에게 벌어주는 돈에만 집중하는 것이다. 그렇게 하면 사람을 소중히 여기지 않게 된다. 누구나 존재 자체로 소중하다.

1인 기업가로 살다 보면 협업을 하게 되는 경우가 종종 있다. 협업이라는 것도 영원히 지속될 수는 없다. 언젠가는 그만둬야 하는 시점이 온다. 그렇게 인연을 끊을 때 어떻게 상대방이 상처를 받지 않게 하느냐도 중요하다. 어떤 사람들은 형식적으로 문서를 보내서 협업 관계가 종료되었음을 알리는 경우도 많다. 그렇게 하면 상대방은 자기가 그저 돈을 벌게 해준 기계에 지나지 않았다고 생각할 수 있다. 그렇게 상처받고 돌아선 사람은 나중에 나에게 비수를 꽂을 수도 있다.

그러니 끝을 잘 맺는 것도 중요하다. 예를 들면 협업을 종료할 수밖에 없는 이유를 직접 시간을 내서 미리 이야기하는 것이다. 죄송하다는 말과 함께 상대가 정리하도록 시간을 준다. 그런 작은 행동들이 나를 더 신뢰하게 만들고 돈의 그릇을 키워준다.

아무리 해도 자기에겐 돈이 들어오지 않는다고 좌절하는 사람들도 많다. 그럴 땐 매일 새벽 긍정 확언을 쓰며 마음을 다지

자. 예를 들면 '2023년 9월 매월 1,000만 원씩 돈이 폭포처럼 쏟아져 들어왔다'라고 적어보는 것이다. 일단 상상하는 것만으로도 기분이 좋아진다. 매일 새벽 이렇게 적고 떠올리는 것만으로도 그날 하루를 살아갈 힘을 얻게 된다. 상상은 누구에게나 자유다. 하지만 놀라운 사실은 상상한 대로 정말 이루어진다는 것이다. 상상은 우리에게 실행할 힘을 주기 때문이다.

더 놀라운 건 긍정 확언을 적는 일은 돈이 한 푼도 들지 않는다는 것이다. 게다가 벌고 싶은 돈에도 한계가 없다. 매월 1,000만 원이 아니라 1억, 10억 원 이상도 벌 수 있다. 그렇게 매일 새벽 나의 돈 그릇을 키워나가자. 나의 돈 그릇이 커지는 만큼 돈이 내게 모일 것이다.

시간은 투쟁으로
만들어진다

우리의 시간을 들여다보면 언제나 무언가로 채워져 있다. 직장인이라면 대부분 시간이 직장과 관련된 일로 채워져 있고 주부라면 남편과 아이들에 대한 일로 채워져 있다. 하루 24시간은 누구에게나 동일하게 주어지지만 온전히 나를 위한 시간은 사실 몇 시간 되지 않는다. 잠자는 시간을 제외한 모든 시간을 타인을 위해 쓰는 경우도 많다. 그건 시간이 얼마나 소중한지 모르기 때문이다.

한번 지나간 시간은 절대 되돌아오지 않는다. 그리고 인생은 영원한 것이 아니라 한정되어 있다. '메멘토 모리Memento mori' 라는 말이 있다. 라틴어로 '죽는다는 것을 기억하라'라는 뜻이다. 우리는 언젠가 모두 죽으므로 지금 누릴 수 있는 시간의 소중함을 알아야 한다.

성공한 사람들을 보면 시간을 지배하는 모습을 볼 수 있다. 메타의 회장 마크 저커버그Mark Zuckerberg는 매일 회색 티셔츠만 입는다. 그 이유는 옷을 고르는 시간을 줄이고 그 시간에 다른 일을 하기 위함이다. 박진영 JYP 대표는 예전에 한 인터뷰에서 춤 연습을 하러 가는 시간을 줄이기 위해 양말을 신지 않아도 되는 신발만 신는다고 했다. 보통 운동화를 신으려면 꼭 양말을 신어야 한다. 양말을 찾는 데도 시간이 걸리고 양말을 신는 것이 귀찮기도 하다. 그게 싫어서 나가는 것을 그만두기도 한다. 하지만 춤 연습하러 가고 싶을 때 맨발로 바로 신발을 신고 나갈 수 있다면 하나의 허들을 제거한 셈이다.

이 인터뷰를 보고서 나도 바로 양말 없이 신을 수 있는 신발을 샀다. 정말로 나가고 싶으면 언제든 양말을 찾지 않고 바로 신발을 신을 수 있었다. 작은 것이지만 성공한 사람들은 이런 데 드는 시간을 줄이고 최대한 시간을 내 것으로 만들려고 한다는 사실을 알게 되었다.

당신의 시간은 당신 것인가요

결혼하고 엄마가 되면서 내 시간은 내 것이 아니라는 것을 깨달았다. 그때부터 어떻게 하면 시간을 온전히 내 것으로 만들지 생각했다. 지금 돌이켜 보면 가장 시간을 잘 활용했던 시기가 워킹맘 때였다. 쓸 수 있는 시간이 부족하다는 것을 알았기에 1분도 정말 소중하게 쓰려고 했다. 새벽 4시에 일어나서 7시까지 3시간 내내 부동산 공부와 글쓰기를 했다. 부랴부랴 출근 준비를 하고 지하철역으로 걸어가는 20분 남짓 동안에는 유튜브를 듣거나 오디오북을 들었다.

지하철에서는 일부러 앉지 않았다. 앉으면 잠이 올 것 같았기에 서서 책을 읽었다. 지금 읽지 않으면 하루에 책 읽을 시간을 확보할 수 없다는 걸 알았기 때문에 더욱 필사적이었다. 직장은 지하철로 한 시간 정도 거리여서 그 시간 동안은 아무 방해도 받지 않고 책에 몰두할 수 있었다. 생각해보면 퇴사한 지금보다 그때 책을 더 많이 읽었던 것 같다.

직장에 도착하면 보통 8시 30분쯤 되었다. 그때는 직원들과 수다를 떨기보다 블로그와 유튜브 소재를 생각했다. 근무를 시작하기 전 커피 한잔을 마시는 이 시간이 정말 소중했다. 점심

시간에는 직원들과 도시락을 싸와서 먹고 근처 학교 운동장에서 산책을 했다. 이렇게 30분 걸으면서 평소에 못 하는 운동을 점심시간에 했다.

퇴근하면 다시 지하철 안에서 유튜브 강의를 2배속으로 듣고 머릿속으로 최대한 기억하려고 했다. 집으로 돌아오면 저녁을 먹고 집안일을 하고 아이들 영어 공부를 봐주고 책을 읽어주었다. 친구랑 통화할 시간도 없었다. 다른 일을 해버리면 잠자는 시간이 늦어지고 그렇게 되면 새벽 기상을 할 수 없기 때문에 매일 루틴대로 했다.

매일 그렇게 할 수 있었던 이유는 시간의 소중함을 누구보다 잘 알았기 때문이다. 나는 누군가 공부할 시간이 없어서 못 한다고 하면 핑계로밖에 들리지 않는다. 나는 직장을 다니면서 부동산 투자도 하고 아이들도 키워냈다. 시간은 만드는 것이다. 치열하게 투쟁하면서 얻어내는 것이다. 시간의 소중함을 알면 부는 자연스럽게 따라온다. 내가 시간을 지배할 수 있기 때문이다. 시간을 지배할 수 있는 사람은 그 시간에 뭐든 해낼 수 있다.

나와 정말 비슷하게 살고 있는 새벽 기상 모임 참여자가 있는데, 바로 김성은 님이다. 그녀는 아이들이 장염으로 아픈 날에도 새벽 5시에 일어나 책 10쪽 읽기를 했다. 이건 고명환 작가님이 알려준 방법으로, 여러 권의 책을 10쪽씩 읽는 것이다. 이렇게 하면 최대한 많은 책을 읽을 수 있다. 그녀는 그렇게 새벽 시간을 보낸 후 아이들을 어린이집에 보내고 PT 수업에 간다. 아이가 아플 때는 아이를 데리고 갈 정도로 열성이다. 운동할 때도 오디오북을 듣는다고 한다. 책 내용에 집중하면서 운동에 몰입하는 순간이 너무 행복하다고 했다.

그렇게 운동을 마치고 나면 쉬는 것이 아니라 독서실로 향한다. 아이가 하교하기 전 한 시간이라도 나를 위한 공부를 한다. 현재 준비하는 자격증 공부를 이렇게 틈날 때마다 하고 있다. 그녀는 제대로 시간을 지배하고 있다. 분명 자격증 시험에도 합격할 것이다.

내가 듣고 싶었던 한마디

워킹맘으로 열심히 살았지만 힘들지 않았다면 거짓말이다. 나는 정말 최선을 다해 살아냈다. 산 것이 아니라 말 그대로 '살아냈다'라는 표현이 적합하다. 그만큼 할 수 있는 한 최선을 다해서 살아냈다. 최근에 유튜브 PD님의 권유로 워킹맘을 주제로 영상 촬영을 했는데 PD님의 마지막 질문은 이것이었다.

"현재 워킹맘으로 살고 있는 분들에게 어떤 이야기를 하고 싶으신가요?"

그 질문을 받고 워킹맘으로 살던 10년 동안을 되돌아봤다. 퇴사하고 보니 어느새 워킹맘으로 살던 때를 잊고 있었다. 그 10년의 삶은 다시는 되돌아가고 싶지 않을 만큼 치열하고 힘든 시간이었다. 하지만 그 치열한 시간이 없었다면 지금의 나도 없었다. 내게는 그 시기가 정말 희생의 시기였다. 하지만 그만큼 가치가 있는 시기였던 것도 확실하다. 그때부터 나는 시간을 지배하는 방법을 알게 되었다. 그렇게 치열하게 살아냈던 내가 가장 듣고 싶었던 한마디가 뭐였을까? 순간 가슴에서 이 말이 솟아올랐다.

"너 정말 최선을 다하고 있어."

겨우 이 말 한마디였다. 하지만 아무도 나에게 그런 말을 해주지 않았다. PD님에게 이 이야기를 하면서 나도 모르게 눈물이 났다. 그렇게 대단한 말도, 힘든 말도 아닌데 왜 아무도 나에게 그런 말을 해주지 않았을까? 내가 하는 것들을 당연하게 받아들인 걸까? 문득 서운함이 밀려왔다. 그리고 지금 워킹맘들도 분명 이 말 한마디를 원할 것이라 생각했다.

최근 새벽 기상 모임인 세부루 라이브 시간에 나는 모임 참여자들(대부분이 워킹맘이었다)에게 이렇게 말했다.

> "여러분, 지금 정말 잘하고 계십니다. 제가 대신 이 말을 해드릴게요."

시간을 지배하면 그 안에 무엇이든 채울 수 있다. 시간을 지배한다는 것은 다른 무언가를 희생한다는 말과도 같다. 하지만 그런 희생 없이는 원하는 것을 얻을 수 없다. 시간을 지배하려면 치열하게, 매 순간 열정적으로 살아야 한다. 시간이 없어서 못 한다는 말은 이제 입안으로 집어넣고 자신이 애써 만든 그 시간에 하고 싶은 것들을 해보자. 인생은 한 번뿐이다. 하고 싶은 것들을 다 하고 싶어도 그럴 수 있을지조차 미지수다. 무엇을 망설이는가? 지금부터라도 당장 하고 싶은 것들을 해보자. 그러면 당신이 그토록 원하던 삶을 살게 될 것이다.

2장 새벽 4시, 내 안의 꿈을 이루는 시간

우리, 주말에는
늦잠 자기로 약속해요

많은 사람이 새벽 기상을 하는 사람들은 주말에도 새벽 기상을 하는 줄 착각한다. 물론 그렇게 하는 사람들도 있을 것이다. 하지만 나는 아니다. 예전에는 주말에도 새벽 기상을 한 적이 있었다. 그때는 이루고 싶은 것은 많고 시간은 부족하다고 생각했다. 하지만 주말에도 일찍 일어나다 보니 어느 순간 힘들어지는 시점이 왔다.

무언가를 매일 하게 되면 이를 돌아보고 점검할 시간이 없다. 그래서 주말에는 새벽 기상을 하지 않기로 했다. 금요일에는 늦게 잠들기도 한다. 다음 날 토요일에는 아침 8시쯤 일어나서 그동안 못 봤던 여행 브이로그도 보고 커피도 마시면서 하고 싶은 것들을 마음껏 한다. 토요일 저녁에는 그동안 보고 싶었던 드라마를 몰아서 보거나 영화를 보고 늦게 잠든다. 일요일에도 늦잠을 늘어지게 잔다. 그러고 나서 임장을 가거나 일상을 보낸다.

이렇게 하고 싶은 대로 다 하면 새벽 기상으로 포기한 것들에 대한 미련이 없어진다. 새벽 기상을 하려면 매일 일찍 잠들어야 하고 일찍 일어나야 한다. 몇 년씩 그렇게 하면 포기한 것들에 대한 미련이 생긴다. 그래서 평소에 하지 못한 것들을 할 수 있는 시간이 필요하다.

어떤 일을 하든 매일 많은 에너지를 쓸 수는 없다. 완전히 그 일에서 벗어날 수 있는 시간이 필요하다. 주말에는 친정 부모님이 계시는 시골에 자주 간다. 소나무가 우거져 있고 조용한 곳에 가서 한참 멍을 때리기도 한다. 그렇게 하면 평일 동안 쌓였던 스트레스가 날아가는 것 같다. 무엇이든 무한정 채울 수는 없다. 비워야 채울 수 있는 여유도, 힘도 생기기 때문이다. 내게는 그렇게 비워내는 시간이 주말이었다. 주말에는 마음껏 늘어지고 마음껏 비우려고 한다.

최근에 새벽 기상 모임의 참여자 한 분이 내게 이런 질문을 했다.

"세빛희 님은 주말에도 새벽 기상을 하세요?"

"아니요. 저는 주말에는 실컷 놉니다."

그랬더니 그분은 안심이 된다고 했다. 주말에도 새벽 기상을 해야 하는 게 아닐까 걱정했다는 것이다. 우리는 성공한 사람들을 보면 모든 것이 완벽하리라 생각한다. 하지만 그렇지 않다. 오히려 성공한 사람들이 더 게으르고 일을 미루는 경우도 많다. 본인의 단점을 잘 알기 때문에 강제 장치를 잘 해둘 뿐이다. 블로그나 카페를 통해 언제까지 하겠다고 공지하거나 날짜를 미리 정해서 할 수밖에 없는 상황을 만든다.

내 주변의 성공한 사람들도 주말에는 가족들과 시간을 보내며 한가롭게 보낸다. 그동안 방전된 에너지를 충전하기 위해서다. 우리는 매번 같은 속도로 달릴 수 없다. 휴대폰도 배터리가 계속 짱짱할 수는 없다. 결국은 소진되고 저녁에는 충전해야 한다. 사람도 마찬가지다. 충전할 수 있는 시간이 필요하다.

너무 빨리 성공하고 싶다는 욕심을 버리자. 욕심을 낸다고 바로 성공할 수 있는 건 아니다. 무엇이든 성공하려면 적어도 5년 이상 해야 한다는 이야기를 들었다. 생각해보니 나역시 5년 정도 새벽 기상을 하고 글쓰기를 하고 나니 퇴사를 할 수 있었고 1인 기업가로 살 수 있었다. 5년은 생각보다 긴 시간이다. 이 시간을 쉬지도 않고 달린다면 당연히 중간에 포기할 수밖에 없다. 포기하는 것보다는 늦더라도 천천히 가는 것이 훨씬 낫다. 적어도 그 끈은 놓지 않기 때문이다.

이번 주말에는 꼭 늦잠을 자자고 약속하자. 요즘 인기 있는 드라마나 유튜브 채널, 만화책 같은 것들을 찜해두었다가 주말에 실컷 보자. 평일에 못 한 것들을 주말에 만회하며 휴식을 취한다면 분명 꾸준히 새벽 기상을 할 수 있을 것이다.

2장 새벽 4시, 내 안의 꿈을 이루는 시간

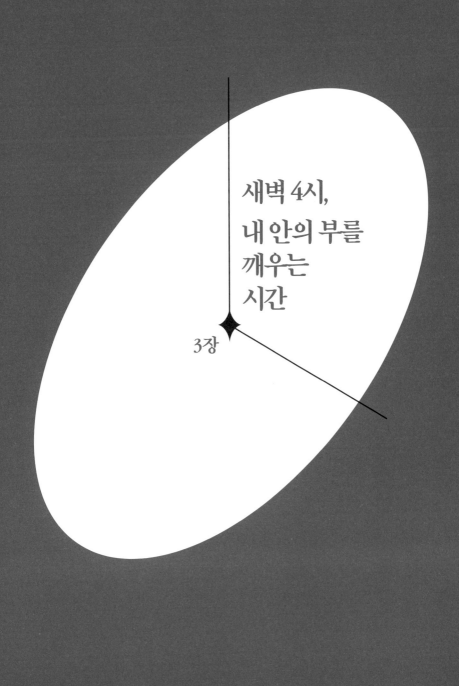

새벽 4시,
내 안의 부를
깨우는
시간

3장

내가 1인 기업가로
성장한 비결

1인 기업가를 꿈꾸게 된 계기는 구본형 작가님의 책을 읽기 시작하면서였다. 대표적인 책이 《그대, 스스로를 고용하라》, 《나는 이렇게 될 것이다》이다. 그전에는 일의 형태라고 하면 누군가의 회사에 소속되어 일하거나 스스로 직원을 많이 거느린 사장이 되는 것밖에 없다고 생각했다. 하지만 이 책을 읽으면서 사장이면서 동시에 직원이 되는 1인 기업가가 있다는 것을 알게 되었다.

10년 넘게 퇴사를 꿈꾸고 있던 내게는 꿈같은 이야기였다.

그러다 실제 1인 기업가로 살고 있는 사람들을 알게 되었다. 그들의 책과 영상을 보면서 어떻게 그런 삶을 살게 되었는지 조사하기 시작했다. 많은 자료를 찾고 조사해본 결과 그들에게는 한 가지 공통점이 있었다는 걸 알게 되었다. 그 공통점은 바로 '콘텐츠'다.

예를 들어 그들은 부동산 분야에서 활동하더라도 단순히 교육에 그치지 않고 유튜브와 블로그를 운영하면서 부동산에 대한 지식을 콘텐츠로 만들어 제공하고 있었다. 그 콘텐츠가 계속 구독자 수를 늘려줬고 그들을 1인 기업가로 만들어주었다. 비단 부동산 분야가 아니라도 방식은 같았다. 주력하고 있는 분야가 있고 그 분야의 콘텐츠를 자신의 SNS를 통해 계속 발행하는 것이다.

예를 들어 세금이 주력 분야인 한 인플루언서는 유튜브와 블로그를 통해 세금을 주제로 영상과 글을 계속 올렸다. 그런 글을 보고 세금에 관심 있는 사람들이 팬들로 유입되었고, 그 인플루언서는 더욱 인기를 얻으며 브랜딩이 되었다.

내가 인상 깊게 읽었던 책의 내용을 실제로 적용하고 있는 분들을 보면서 용기를 얻었다. 나도 할 수 있겠다는 생각이 들었고 바로 실행에 들어갔다.

얼마를 벌어야 회사를 그만둘 수 있을까

우선 부동산을 주제로 블로그에 글을 쓰고 유튜브에 영상을 만들어 올렸다. 그 두 가지 플랫폼에서 내가 제대로 브랜딩되어야 1인 기업가로 살 수 있다고 생각했다. 사실 퇴사한 후 부동산 투자만 할 수도 있었다. 하지만 나는 대부분 투자를 시세차익형으로 하고 있었다. 시세차익형 투자는 투자해놓으면 매도하기 전까지는 수익이 발생하지 않는다. 퇴사한 뒤 가장 걱정되는 부분은 현금흐름이었다. 퇴사를 간절히 바라던 내게 남편은 이런 말을 했다.

> "지금 받는 월급만큼 정기적으로 벌 수 있다면 퇴사해도 괜찮아."

퇴사하기 전 내 월급은 세금을 제하고 딱 200만 원 정도였다. 어떻게 200만 원을 벌 수 있을지 생각을 거듭한 끝에 부동산 투자뿐만 아니라 1인 기업가가 되어야겠다고 마음먹었다. 그래야 안정적으로 현금흐름이 발생했다. 하지만 1인 기업가가 되는 길은 쉽지 않았다. 가장 중요한 전제조건은 브랜딩이 되어야 한다는 점이었다. 브랜딩은 당시 내겐 너무 막막한 것이었다. 매일 글을 쓰고 영상을 만들었지만 구독자 수는 좀처럼 늘지 않았다. 제발 1,000명만 되길 간절히 바랐다. 그때는 브랜딩에도 매뉴얼이 있다는 사실을 알지 못했다.

나는 생각한 대로 되지 않으면 편의점 아르바이트를 하겠다고 결심했다. 직장으로 돌아가는 것보다 편의점에서 일하는 것이 훨씬 마음이 편하리라 생각했다. 실제로 지인 중 퇴사 후 편의점에서 일하는 분이 있었다. 그는 하루하루가 정말 즐겁다고 했다. 무엇보다 편의점에서는 혼자 일한다. 가끔 진상 고객이 오면 스트레스를 받지만 그런 일을 제외하고는 누군가의 눈치를 받지 않고 일할 수 있는 것이다.

그렇게 결심한 후 1인 기업가가 되기 위한 준비를 했다. 부동산에 대한 지식과 실력을 키우기 위해 매일 새벽 시간에 부동산 공부를 했다. 주말에는 계속 현장을 다녔다. 5년 동안 전국을 거의 다 돌아다녔다. 휴가 때도 가족 임장을 가서 현장을 봤고, 그런 과정들을 글과 영상으로 만들었다.

초기에 쓴 글과 영상들은 지금은 보기 부끄러울 정도다. 하지만 점점 글이 자신감이 넘치고 날카로워졌다. 초기 영상에서는 사투리가 섞이고 책을 읽는 듯했던 말투도 점점 더 편하고 자연스러워졌다. 무엇이든 시간을 들이면 잘하게 된다는 사실을 알게 되었다. 그렇게 5년을 준비했다.

하지만 아무리 시간을 쏟아도 성과가 나지 않았다. 무엇이 잘못되었는지 도저히 알 수 없었다. 그때 처음으로 포기하고 싶다고 생각했다. 나는 아무리 해도 안 되는 사람이라는 생각이 들었고, 세상에서 내가 제일 못난 사람 같았다. 새벽에 글을 쓰다 울기도 많이 울었다. 나보다 늦게 블로그를 시작한 지인이 훨씬 빠른 속도로 이웃 수를 늘려가는 것을 봤을 때는 좌절감이 들기도 했다. 나는 5년 이상 걸렸는데 그는 1년도 되지 않아 이웃 수를 8,000명 가까이 늘렸던 것이다.

그러던 중 1인 기업가 강의를 진행한다는 공지를 보게 되었다. 마지막 기회라고 생각하고 신청했다. 그 과정은 1년 동안 이어졌다. 1년 동안 한 과정을 이어간다는 것은 운영하는 측에서도 쉽지 않았겠지만 참여하는 사람에게도 정말 힘들었다.

참여한 사람들 모두 같은 목표를 향해 달려가고 있었지만 저마다 속도가 달랐다. 이미 몇만 명의 구독자를 달성한 사람도 있었고 블로그나 유튜브를 시작조차 하지 않은 사람들도 있었다. 나는 열심히 블로그와 유튜브를 운영하고 있었지만 나보다 더 잘하고 있는 사람들을 보니 주눅이 들었다. 당시 나를 가장 괴롭힌 감정은 질투였다. 나보다 잘하고 있는 사람이 부럽고 질투가 났고, 그렇지 못한 내가 너무 못나 보였다. 하지만 얼마 안 가 그런 감정을 갖는다고 해서 내게 득이 될 게 없다는 사실을 깨달았다.

그때부터 남과 비교하지 않고 나 자신과 비교하기 시작했다. 이 과정을 처음 시작했을 때의 나와 지금의 나를 비교했다. 그렇게 했더니 몰랐던 사실들을 알게 되었다. 유튜브 섬네일도 만들 줄 몰랐고 두서없이 글을 쓰던 내가 이제는 누가 봐도 전문가처럼 이야기하고 뾰족하게 글을 쓸 수 있었다. 그렇게 나 자신에게 집중하면서 그 힘든 과정을 이겨낼 수 있었다.

포기만 않으면 성공한다

1인 기업가로 성장하면서 가장 힘들었던 점은 성과가 언제 날지 알 수 없다는 것이었다. 아무리 매뉴얼을 익혀서 매일 모든 시간을 쏟는다고 해도 지금 내가 얼마나 성장했고 내가 바라는 그 성과가 도대체 언제 나올지를 알 수 없다는 것이 가장 힘들었다.

그러다 결정적으로 포기하고 싶었던 순간이 또 오고야 말았다. 다른 동기들과의 성과를 비교하는 시간이었다. 나보다 블로그나 유튜브를 늦게 시작한 동기들의 성과가 나를 넘어서고 있었다. 그들은 저렇게 달려가고 있는데 나는 한자리에 머물러 있다는 사실을 그 지표들을 통해 확실히 알 수 있었다.

순간 도망가고 싶었다. 정말 나는 안 된다는 생각에 수업 시간이었음에도 하염없이 눈물이 쏟아졌다. 그렇게 종일 울고 나니 뭔가 오기가 생겼다. 나도 그들만큼 할 수 있는 사람이라는 것을 보여주자! 그날 이후 더더욱 내가 하는 일에 박차를 가하기 시작했다. 전혀 브랜딩도 되지 않은 사람이 책을 쓰겠다고 결심했다. 책을 쓰는 모임에 참여해서 목차를 짜고 책을 쓰기 시작했다.

혼자는 힘들지만 여럿이 한다면 분명 해낼 수 있으리라 생각했다. 당시 책을 쓰면서 누가 내 책을 사줄까 생각했다. 하지만 꼭 쓰고 싶었다. 평생의 소원이 죽기 전에 책 한 권 내는 것이었기에 해보고 싶었다. 베스트셀러는 바라지도 않았다. 오직 책을 쓸 수 있다는 것에 감사했다. 그만큼 나는 아무것도 아닌 사람이라고 생각했지만 뭐라도 해보자는 생각으로 최선을 다해 달렸다.

그 과정에서 나만 힘든 것은 아니었다. 같이 시작한 동기들

가운데 반 이상이 포기했다. 처음에는 모두 퇴사하겠다, 1인 기업가가 되겠다는 의지로 불타올랐다. 하지만 아무리 시간을 갈아 넣어도 성과가 나지 않는다는 사실을 알고 힘들어했다. 더군다나 누군가는 저렇게 성과를 내기 시작하는데 자기는 아무 진전이 없다는 감정들을 느끼기 시작했고, 예전의 나와 똑같이 괴로워했다.

나도 그런 감정을 느껴봤기에 얼마나 힘들지 알 수 있었다. 그렇게 동기들이 포기하는 모습을 보면서 무척 안타까웠다. 하지만 그 과정을 통해 딱 하나 확실히 알게 된 사실이 있었다. 바로 포기만 하지 않으면 이뤄진다는 것이었다.

그 과정이 끝나갈 무렵 성과들이 나기 시작했다. 첫 책을 출간했는데 실시간 1위를 하기 시작했고 책 재고가 없어서 팔지 못하는 상황까지 갔다. 부동산 분야에서 달성하기 어려운 4만 부 이상이 팔리면서 베스트셀러가 되었다. 정체되었던 유튜브 구독자가 6,000명에서 3만 명으로 치솟기 시작했다. 인터뷰 제안과 강의 제안 메일이 메일함에 넘쳐나기 시작했다.

이게 무슨 일인가 싶었다. 그러면서 알게 된 사실은 성장은 점진적으로 오지 않는다는 것이다. 한순간에 폭발적으로 왔다! 그래프로 그린다면 수평선으로 가다가 어느 시점에 포물선을 그리면서 급상승하는 모양이다. 나만 그런 것이 아니었다. 그 과정이 끝나고도 포기하지 않고 브랜딩에 집중한 동기들도 나와 같은 방식으로 성장하기 시작했다. 정체되었던 유튜브 구독자가 몇만 명으로 늘어나고 책을 출간하기에 이르렀다. 그때 비로소 깨달았다. 제대로 방향을 잘 설정했다면 중도에 포기만 안 하면 되는 것이었다.

슬럼프 그리고 도약

1인 기업가로 일하면서 한계가 오는 시점이 있다. 바로 확장에 대한 부분이다. 원하는 사람은 많은데 혼자 하려고 하다 보니 힘에 부친다. 혼자 하기보다 누군가와 협업하면 더 확장할 수 있을 것 같다. 그래서 오랫동안 알고 지내던 분들과 협업하게 된다. 하지만 협업을 하면서 오히려 스트레스를 받는 경우도 많다. 상대가 내가 바라는 만큼 해주지 않기 때문이다. 협업하는 사람들은 어떤 일은 내 일이 아니라고 생각하는 경우가 많다. 내가 원하는 만큼 마음을 쏟지 않기도 한다. 그런 일을 겪으면 차라리 힘들어도 혼자 하는 게 낫다고 생각하게 된다.

얼마 전 마사지를 받으러 간 적이 있었다. 마사지 숍 원장님은 직원을 한 명도 두지 않고 혼자 일하고 있었다. 왜 직원 없이 혼자 일하느냐는 질문에 원장님은 예전에는 직원들을 두었는데 제대로 일하지 않아 스트레스를 많이 받았다고 했다. 고객에게 제대로 마사지를 해주지 않아서 본인이 다시 해준 경우도 많았다고 한다. 그만큼 좋은 사람을 만나기가 어렵다는 이야기였다. 지금은 혼자 일하다 보니 딱 일할 만큼만 예약을 받고 더 편하다고 했다. 그 말이 정말 이해가 되었다. 협업하면서 정말 나와 결이 잘 맞는 사람을 찾기는 쉽지 않다.

1인 기업가가 되면 이 부분에 대한 고민을 늘 하게 된다. 하지만 나와 결이 잘 맞는 사람을 만날 수도 있는데, 그만큼 행운인 일도 없다. 이런 고민에 대한 어느 정도 답을 준 책이 롭 무어의 《레버리지》다. 내가 지금 하는 일들 중 단순한 일은 다른 사람에게 레버리지하면 나는 더 중요한 일에 집중할 수 있다는 것이 책의 요지다.

타인에게 나의 일을 떼어줄 때는 그 사람을 그만큼 신뢰할 수 있어야 가능하다. 정말 그런 사람이 있다면 사업을 더 확장할 수도 있다. 사업을 어느 정도까지 확장할지에 대한 점은 모든 사업가가 고민하는 부분일 것이다. 그리고 1인 기업가로 살아가는 분들은 늘 이 고민을 할 수밖에 없다. 정말로 나와 결이 맞는 사람, 내가 믿을 수 있는 사람이 아니라면 혼자 일하는 것이 오히려 좋은 방법일 수 있다. 사람은 일보다 더 어려울 수 있다는 사실을 반드시 기억하길 바란다.

나를 좋아하는 사람
1,000명만 모인다면

많은 사람이 자신의 콘텐츠를 수익으로 연결하려면 자기를 좋아하는 사람의 수, 즉 이웃이나 구독자 수가 파워블로그나 대형 유튜브 채널만큼 많아야 한다고 생각한다. 하지만 이건 정말 잘못된 생각이다. 흔히 생각하는 것만큼 많은 수의 팬들이 필요한 건 아니다. 팀 페리스의 《타이탄의 도구들》이라는 책에는 이런 구절이 있다.

성공한 사람이 되기 위해서는 '100만'이라는 숫자는 필요하지 않다. 100만 달러도, 100만 명의 고객이나 클라이언트, 팬도 필요 없다. 공예가, 사진작가, 음악가, 디자이너, 작가, 애니메이터, 앱 제작자, 기업가, 발명가로 살아가기 위해 당신에게 필요한 건 1,000명의 진정한 팬뿐이다. 진정한 팬이란 당신이 만든 건 뭐든지 사주는 사람들로 정의할 수 있다.

여기서 말하는 진정한 팬은 '찐팬'을 말한다. 아무리 이웃 수나 구독자 수가 100만 명이라 하더라도 이 숫자가 구매 전환으로 이어지지 않으면 소용이 없다. 하지만 이웃 수가 단 1,000명이라도 구매전환율이 높다면 이 정도의 팬으로도 무엇이든 시도해볼 수 있다. 결국은 겉으로 보이는 팬 수의 허수에서 벗어나야 한다는 것이다.

하지만 처음 콘텐츠를 만들려고 시도하는 사람들은 이를 간과하기 일쑤다. 예를 들어 블로그를 시작한다고 하자. 블로그에는 '서로이웃 추가'라는 기능이 있다. 내가 서로이웃 신청을 하고 상대방이 수락만 해주면 나의 이웃 수로 잡힌다. 서로이웃 추가는 하루에 100명까지 할 수 있다. 100명에게 신청한다고 해서 100명 모두 수락하는 것은 아니다. 만약 그중에 50퍼센트라도 수락한다고 가정하자. 그 정도로 수락을 얻으려 한다

3장 새벽 4시, 내 안의 부를 깨우는 시간

면 서로이웃 추가 메시지에 나의 진정성이 엿보일 수 있도록 신경을 쓰는 것이 좋다.

그렇게 하루에 50명만 수락한다고 하면 20일이면 1,000명의 팬을 만들 수 있다. 그리고 이 과정을 계속 반복해서 3,000명, 5,000명까지 이웃 수를 늘려갈 수 있다. 처음에는 마냥 이웃 수가 늘기 때문에 기분이 좋다. 하지만 이렇게 늘린 이웃들은 정말 나를 좋아해서 스스로 이웃 추가를 한 사람들이 아니다. 인위적인 서로이웃 추가 장치에 수락 버튼만 누른 사람이다. 즉 본인의 이웃 수도 늘리고 싶은 마음이 들어간 경우다. 그렇다보니 아무리 이웃 수가 3,000명, 5,000명이라 하더라도 이 수치는 허수일 수 있다. 내가 무언가를 시작했을 때 직접적인 피드백으로 잘 이어지지 않을 가능성이 크다.

결국 중요한 것은 숫자보다는 정말로 나를 좋아하느냐다. 그런 사람들을 모으려면 처음부터 이웃 수 늘리기에 집착할 이유가 없다. 또 당장 이웃 수 1,000명을 만들어야겠다고 생각하면 그게 부담이 돼서 블로그를 시작하기 싫어질 수도 있다. 그럴 바에는 목표를 작게 잡고 단계적으로 늘려가는 것도 좋다. 처음에는 이웃 수 10명으로 해보자. 이때 주의할 점은 지인이나 친구에게 부탁해서는 안 된다. 진짜 내 글이 좋아서 이웃 추가를 한 게 아니기 때문이다. 최대한 나의 진정성을 담은 글을 쓰고 그 글이 좋아서 이웃 추가를 하게 해보자.

만약 이웃 수가 10명이 되었다면 그다음 목표는 100명이다. 100명은 언뜻 어려워 보이지만 제목에 최신 키워드를 넣고 글 내용이 좋으면 사람들은 쉽게 모인다. 100명이 500명이 되고 1,000명이 된다. 처음부터 너무 급하게 생각하지 말자. 이렇게 천천히 모인 팬들은 나를 떠나지 않는다. 정말 내가 좋아서 스스로 추가한 이웃이기 때문이다. 이렇게 1,000명의 찐팬이 모이면 뭐든 해볼 수 있다.

최근 내 블로그 수업을 들은 공율득 님은 이웃 수가 1,000명이 되지 않는데도 전자책 무료 나눔 이벤트에 댓글이 100개 이상 달렸다. 이웃 수보다 중요한 것은 진짜 나를 좋아하느냐다. 나를 좋아하게 만들면 된다. 가장 좋은 방법은 공율득 님처럼 무료로 계속 주는 것이다. 무료로 주다 보면 나중에는 이런 말이 나온다. "공율득 님 강의는 언제 하나요?"

누군가는 무료로 주는 것이 손해라고 생각한다. 하지만 장기적으로 보면 결코 손해가 아니라 고정 고객을 확보하는 행위다. 무료로 나눠 주면 그것만으로도 진정성이 확보된다. 지금 이웃 수가 적다고 해서 좌절하지 말자. 내가 가진 것 중에 무료로 나눠 줄 수 있는 것이 무엇이 있을지 고민해보자. 분명 있을 것이다. 그것이 나의 찐팬을 만드는 가장 빠른 길이 될 것이다.

사람들은 무엇에 움직이는가

최근에 지인에게 들은 사례다. 그는 블로그 하나만 운영하며 5,000명 정도의 이웃을 보유하고 있다. 나는 그의 블로그 이웃 수가 5,000명이 되지 않았을 때부터 지켜봤는데, 그가 어떤 강의를 공지해도 하루 만에 마감되곤 했다. 그리고 대기를 원하는 댓글이 수십 개씩 달린다. 늘 그의 주변에는 함께하고 싶은 찐팬으로 가득하다. 댓글에는 왜 더 많이 강의하지 않느냐는 원성이 가득하다.

이 사람의 힘은 도대체 무엇일까? 조금만 생각해보니 답을 알 수 있었다. 바로 진짜 팬을 만드는 능력이었다. 처음 블로그를 시작할 때부터 그는 한 사람, 한 사람의 마음에 공감을 일으키는 글을 썼다. 자신을 숨기지 않고 그대로 드러냈다. 내가 진정성 있는 모습으로 다가가면 상대방도 마음을 열게 된다. 하지만 내가 마음을 숨기면 당연히 상대방도 마음을 숨긴다.

내가 유튜브를 시작할 때 딱 그랬다. 나를 숨기고 정보만 제공하면 된다고 생각했다. 청약에 대한 정보를 유튜브 영상으로 만들어 제공했다. 그 영상을 만들기 위해 하루 5시간 이상 공을 들였다. 하지만 아무리 영상을 올려도 댓글이 전혀 달리지 않았다. 왜 그럴까 고민했다. 그러다 잘되는 채널들의 영상들을 관찰하기 시작했고, 나와 다른 점이 명확히 보였다.

그들은 영상에서 본인을 그대로 드러냈다. 어떤 생각을 하고 있는지, 자기는 어떤 사람인지 솔직히 이야기했다. 댓글을 보면 본인도 그랬다고, 너무 공감한다는 댓글이 수십 개씩 달렸다. 그때 알게 되었다. 내 이야기는 인공지능 로봇이 하듯 누구나 할 수 있는 이야기였다. 그 안에 진짜 '나'라는 사람은 없었던 것이다.

그때부터 유튜브 영상에 진짜 나의 모습을 담기 시작했다. 그러자 변화가 시작됐다. 내 이야기에 공감한다는 댓글이 달리기 시작했다. 그리고 더 나를 알고 싶어 블로그로 유입되는 사람들도 늘어났다.

요즘은 온라인으로 강의하고 줌을 활용해서 직접 만나지 않고도 소통을 할 수 있다. 코로나 이후 대부분 소통을 온라인으로 하고 있다. 온라인 모임의 장점은 장소의 제약을 받지 않는다는 것이다. 나처럼 지방에 거주하는 사람에게는 정말 기회라고 할 수 있다.

예전에는 대부분의 강의가 서울에서 진행되었기 때문에 그런 강의를 들으려면 서울까지 기차를 타고 이동해야 했다. 비용도 비용이지만 한번 서울을 다녀오면 거의 하루를 다 써야 했다. 하지만 지금은 강의는 온라인 녹화 영상으로 할 수 있고 라이브를 하고 싶으면 줌을 촬영하면 된다. 내 방에서 편한 복장을 하고 참여하면 된다.

하지만 온라인의 단점은 직접적인 소통이 힘들다는 점이다. 특히 줌 같은 경우는 여러 명이 동시에 이야기할 수 없다. 동시에 하면 스피커가 맞물려서 듣기가 거북해지고, 그래서 주춤하게 된다. 나도 이야기를 많이 하고 싶은데 다른 사람도 동시에 이야기할까 봐 가만히 있게 된다. 하지만 오프라인에서 만나면 동시에 이야기하더라도 온라인만큼 거북하게 들리지 않는다. 그래서 더 편하게 진솔한 이야기를 나눌 수 있다.

최근에 코로나가 잠잠해진 틈을 타 처음으로 오프라인 모임을 했다. 모임을 통해 팬들과 직접 얼굴을 맞대고 소통하면서 굉장히 의미 있는 시간을 보냈다.

오프라인에서 만나니 그동안 나를 응원해준 팬들과 더 진솔한 이야기를 나눌 수 있었다. 혼자 집에서 일하다 보면 어느새 이런 감정에 무뎌지게 된다. 하지만 나를 좋아하는 사람들이 세상에 존재한다는 것을 알게 되면 뭔가 마음이 든든해지고 자존감이 상승한다.

함께 가는 동료를 발견하는 것

혼자서 1인 기업가로 일하며 가장 많이 느끼는 감정이 외로움이다. 직장 생활을 할 땐 동료가 있다. 힘든 일이 있으면 점심 먹고 산책을 하면서 동료에게 털어놓는다. 나도 저 팀장 때문에 속상한데 동료가 같은 감정을 느낀다면 사이는 더 돈독해진다. 사실 누군가를 욕하는 것이 좋은 일은 아니지만 그만큼 스트레스가 해소되고 재미있는 주제도 없다. 하지만 퇴사하고 혼자 일하면 같이 욕할 상대도 없고 산책하면서 수다를 떨 동료도 없다.

오롯이 혼자 시간을 견뎌내야 한다. 그럴 때 가장 큰 힘이 되는 존재가 바로 찐팬이다. 내가 어떤 글, 어떤 영상을 남기든 늘 기다렸다는 듯이 댓글을 단다. 그냥 쓰는 댓글이 아니라 한 문장, 한 문장에 나를 정말 응원하는 마음이 가득하다.

정말 속상한 일이 있을 땐 글로 적는다. 글을 쓰면서 한번 치유가 되고 그 글을 읽고 진심으로 나를 걱정해주는 팬들의 마음을 느끼면서 다시 한번 치유가 된다. 우리가 늘 만날 수 있는 건 아니지만 온라인이라는 세상을 통해서 이렇게 '찐소통'을 하고 있다.

앞서 언급한 무라카미 하루키의 《달리기를 말할 때 내가 하고 싶은 이야기》에 이런 구절이 있다.

> 독자의 얼굴은 직접 볼 수 없다. 그것은 어떤 의미에서는 관념적인 인간관계이다. 그러나 나는 일관되게 그와 같은 눈에 보이지 않는 '관념적인' 관계를, 나 자신에게 있어서 가장 의미 있는 것으로 정해서 인생을 보내왔다.

무라카미 하루키 역시 사람을 거의 만나지 않으며 그 시간을 오롯이 글쓰기와 운동에 쏟는다고 한다. 보통 우리가 생각하는 피상적인 인간관계에 그는 에너지를 소모하지 않는다. 다만 자기를 좋아하는 팬들에게 그 에너지를 쏟는다. 무라카미 하루키는 그런 관계를 '관념적인 관계'라고 부른다. 나 역시 그런 관념적인 관계에 더 집중하기로 했다. 바로 찐팬들과의 관계에 말이다.

찐팬 1,000명의 힘은 생각보다 강력하다. 함께 뭐든 시도해 볼 수 있다. 그리고 1,000명을 모으는 것은 그렇게 어렵지 않다. 나를 진정으로 내보이면 된다. 마음을 열고 진정으로 누군가를 도우려 한다면 자연스럽게 나를 알아주는 사람들이 모여들 것이다. 지금부터 당신의 진정한 팬이자 동료를 1,000명 만들어보자. 기존의 관계와 다른, 새로운 의미의 관계가 주는 즐거움을 맛보게 될 것이다.

새벽 4시의 기적을
만든 사람들

성공한 사람들의 빛나는 결과 뒤에는 남몰래 흘린 땀과 눈물 그리고 꿈을 향한 열정이 있었다. 대부분 사람은 그들이 성공한 다음의 모습을 보기 때문에 그렇게 되기까지 엄청난 노력이 있었을 것이라고 생각하지 않는다. 하지만 나는 같은 꿈을 지닌 사람들과 함께 1인 기업을 준비하면서 성공에 이르기까지는 수많은 시도와 실패를 거쳐야 한다는 사실을 잘 알고 있다. 결과가 나지 않아 좌절했을 때도, 조금씩 진척을 보였을 때도 우리는 서로 응원하며 언젠가 잘될 날을 함께 꿈꾸었다.

시간이 흘러 정말 노력은 우리를 배신하지 않았고, 어느 정도 성공의 모습이 드러나고 있다. 누군가에게는 이런 성공이 별것 아닌 것처럼 느껴질 수도 있다. 자산 100억 원을 소유한 부자도 아니고, 자기 분야에서 1등이 된 것도 아닌데 왜 그렇게 호들갑이냐고 할 수도 있다. 그러나 나는 그렇게 생각하지 않는다. 매일 새벽 4시에 일어나 텅 빈 책상에서 크고 작은 일들을 만들어내던 모습, 온갖 방해와 위기에도 포기하지 않고 꾸준히 일어나 묵묵히 공부하던 모습 자체가 빛나고 아름다운 성공이라고 생각한다. 이제 그들이 어떻게 새벽에 일어나 기적을 이뤘는지 그 과정을 상세히 소개하려고 한다.

결국 해내는 사람들의 특징

결핍을 에너지 삼아 성장한다

글그림진 님은 공무원으로 겸직 허가까지 받아가며 2013년부터 11년째 웹툰을 그려오고 있다. 웹툰을 그리기 시작한 건 홍콩인인 남자 친구와 국제 연애를 하게 되면서 남자 친구에게 그림으로 한국의 매력을 보여주고 싶어서였다고 한다. 그렇게 즉흥적으로 웹툰 그리기 도구를 구입했고 이후 10년 동안 웹툰을 그렸다. 2021년에는 종이책으로도 출판했고 2023년에 두 번째 책도 출간 예정이다.

이렇게 한 가지를 정하면 꾸준히 하는 그녀는 평소 자신에 대해 부족함을 많이 느꼈다고 한다. 투자, 경제 쪽에도 관심이 많지만 너무 모르는 분야라서 자신감이 없었다. 이제는 웹툰 말고도 다른 성장을 이루고 싶다는 결핍을 느꼈고 그래서 2022년 세부루 프로젝트 1기부터 참여했다.

사실 투자나 경제 분야는 그녀가 하는 일이나 취미와는 조금 동떨어지기도 하거니와 마음먹고 공부하지 않으면 제대로 할 수 없기도 하다. 만일 그녀처럼 직업이나 주변 환경이 너무 달라서 시도해보지 못한 분야가 있다면 새벽 기상을 강력히 권한다. 결핍을 채우는 시간으로 새벽만큼 좋은 때도 없기 때문이다.

그녀는 새벽 5시에 일어나 공부하면서 자신에게 부족한 부분이 있다면 이 시간을 통해 콩나물에 물 주듯이 키워가면 된다는 것을 알게 되었다. 그래서 이 시간에 투자 공부, 경제 공부를 하면서 현재 부모님을 도와 하는 카페 사업도 잘 해내고 있다.

최근에는 주 2회씩 하는 PT 수업을 듣고 있다. 이 수업을 통해서는 습관이라는 것을 어떻게 잡아가면 되는지 알게 되었다고 한다. 그래서 새벽 기상을 할 때도 운동하는 마음으로 하고 있다. 그녀는 자신의 결핍을 에너지 삼아 성장하는 이 과정이 너무 즐겁고, 변화하는 자신을 바라보는 것이 행복하다고 한다. 앞으로의 그녀가 기대된다.

과감한 방향 전환을 할 줄 안다

젯셋캣 님은 명문대를 나온 수재다. 졸업하고 취직해서 대기업 과장까지 승진했지만 과중한 업무로 자신을 잃어간다고 느끼고는 퇴사를 준비했다. 평소 관심 있던 스마트스토어를 열었는데 말 그대로 대박이 났고 목표였던 퇴사를 할 수 있었다. 그런데 예상치 못한 일이 일어났다. 스마트스토어가 너무 잘되다 보니 물품을 공급해주던 공급처들이 더 이상 공급해주지 않겠다고 엄포를 놓은 것이다. 마른하늘에 날벼락을 맞은 격이었다.

이대로 포기할 수 없어 여러 길을 모색하던 중 1인 기업가 과정을 알게 되어 참여하게 되었다. 처음에 그녀는 주식을 주제로 정했다. 밤새 주식 강의를 듣고 투자하면서 1년 동안 주식에만 올인했다. 하지만 투입하는 시간 대비 성과가 없었다.

이 과정을 마치고 난 다음 다시 그녀를 만났을 때는 주식에서 재테크로 방향 전환을 한 뒤였다. 그리고 그녀는 유튜브를 시작했는데 그동안 자신의 성장 과정을 솔직하게 영상으로 담고 있다고 했다. 그녀는 파이어족으로 퇴사했지만 사실 수익은 0원이었다. 0원으로 어떻게 생활을 유지할 수 있는지 아주 상세하고 솔직하게 영상을 만들었다. 그것이 사람들의 마음을 움직였고 구독자들이 늘기 시작했다고 한다.

그러다 구독자가 폭발적으로 늘어난 계기가 있었는데, 바로 '부동산 투자 폭망' 영상을 올리게 되면서였다. 그동안 끊임없이 부동산 투자를 해왔던 그녀는 이번 하락장을 맞이해서 자산 가격의 하락과 대출이자 부담으로 힘들어했다. 대출이자를 갚기 위해 편의점 아르바이트를 하게 된 것도 숨기지 않고 아주 솔직하게 영상으로 만들었다. 그런 솔직함이 구독자의 마음을 움직였고 단기간에 유튜브 구독자가 1만 명이 넘었다. 현재는 처음으로 경제 책 읽기 프로젝트를 유료로 진행하면서 유료 유튜브 컨설팅을 통해 수익을 창출하고 있다.

그녀의 사례를 보면 결국 해내는 사람들은 '방향 전환'을 할 줄 안다는 것이다. 1년 이상 시간과 에너지를 쏟은 일을 하루 아침에 포기하고 새로운 방향으로 나아가는 일은 결코 쉽지 않다. 그러나 젯셋캣 님은 이 과정을 새벽 시간에 해냈다. 그녀의 새벽 기상은 좀 특별하다. 보통 저녁 9시에 잠들어 새벽 4시나 5시에 일어나는 것을 생각하지만 그녀는 저녁 6시에 잠들어 새벽 1시에 일어난다. 언제 잠들더라도 6시간만 푹 자고 나면 집중력이 가장 좋다는 것을 체득한 것이다. 그러면 그녀가 요즘 일하는 편의점의 출근 시간인 새벽 6시까지 매일 5시간을 확보할 수 있다.

새벽 시간을 통해 그녀는 유튜브 컨설팅, 경제 기사 프로젝트를 만들었다. 그녀의 말에 따르면 새벽 시간에 너무 많은 것을 하기보다는 오늘의 하이라이트 딱 하나를 정해서 하는 게 좋다고 한다. 너무 많은 것을 해도 어차피 뇌는 기억하지 못한다. 그럴 바에는 가장 중요하게 생각하는 한 가지를 정해서 그것 하나라도 새벽 시간에 제대로 하자는 것이다. 그녀가 추천하는 책《메이크 타임: 구글벤처스의 혁신적 시간관리법》을 읽어보면 나에게 맞는 시간을 만드는 방법을 87가지나 알 수 있다고 한다.

누군가를 따라 하기보다는 자기에게 맞는 방법을 찾고 빨리 방향 전환을 하는 점이 그녀가 1인 기업가로 급성장하고 있는 이유라고 할 수 있다.

3장 새벽 4시, 내 안의 부를 깨우는 시간

자신만의 기준이 확실하다

정경미 작가(로미) 님은 중학교 국어 교사였다. 다른 일을 하고도 싶었지만 그녀가 결정적으로 교사를 그만두겠다고 생각한 계기는 회의 때 교장 선생님이 한 말 때문이었다. 모든 결정권은 교장에게 있다는 말 한마디가 로미 님의 마음에 불을 지폈다. 아무리 아이들을 진심으로 가르치더라도 결정권은 늘 교장에게 있고 교사에게는 자율성이 없다는 말에 로미 님은 퇴사하기로 마음먹었다.

퇴사하기 전 휴직 기간을 갖고 정말로 자신이 퇴사할 수 있는 사람인지를 테스트했다. 무료로 독서 모임을 열어서 팬들과 소통했고 진정성 있는 글을 통해 찐팬을 만들기 시작했다. 로미 님은 인위적으로 이웃 수를 늘리지 않았다. 그때 같이 블로그를 시작했던 지인들은 모두 서로이웃 추가를 통해 이웃 수를 늘려갔지만 그녀는 정말로 자기를 좋아해줄 사람들로 팬들을 채워나가는 것이 맞는다고, 느려도 천천히 그 과정을 해나가겠다고 결심했다.

사실 그렇게 하면서 후회도 많이 했다고 한다. 저 사람은 벌써 저만큼 성공했는데 자기는 아직도 엉금엉금 기어간다는 생각이 들었다. 그런 감정을 느끼고 비교당하는 것이 가장 힘들었다고 한다. 하지만 지금은 로미 님의 생각이 맞는다는 것이 계속 증명되고 있다.

현재는 블로그와 인스타그램만 운영하고 있다. 블로그는 이웃이 6,000명 정도, 인스타그램은 1만 명 정도다. 대형 채널과 비교하면 그렇게 많다고 볼 수는 없다. 하지만 강의 공지를 하면 하루 만에 모두 마감된다. 현재 책 쓰기 과정, 블로그 과정, 북클럽, 1인 기업가 과정을 운영 중이다. 더 자주 강의해달라는 요청이 쇄도한다.

하지만 로미 님은 퇴사 목적이 여유로운 인생을 살고 싶다는 것이었기에 돈을 더 많이 벌기 위해 시간을 더 쓰기보다는 딱 할 수 있을 만큼만 하고 일상을 즐기는 선택을 했다.

로미 님을 보면 결국 해내는 사람은 자신만의 기준이 확실하고 주변에 흔들리지 않는다는 사실을 알게 된다. 그 기준이 맞을지 아닐지는 해봐야 알 수 있다. 불확실한 상황에서도 스스로 세운 기준을 오래 지키는 일은 정말 쉽지 않다. 하지만 흔들리지 않고 분명한 기준으로 해나갔기 때문에 로미 님은 지금의 결과를 얻을 수 있었다.

누구나 할 수 있다

앞 사례에서 살펴봤듯이 결국 해내는 사람들에게는 공통점이 있다. 첫째, 자신의 결핍을 극복하고자 하는 절실함이 있다. 둘째, 이게 아니다 싶으면 방향 전환이 빠르다. 셋째, 자신만의 명확한 기준이 있다. 마지막으로, 그들은 이 모든 것을 새벽 시간에 해냈다.

나는 이들과 연락할 때 이들이 늘 새벽에 깨어 있다는 걸 안다. 그래서 소통할 때도 보통 새벽에 한다. 그만큼 새벽 시간에는 절실한 사람들, 목표가 분명한 사람들이 깨어난다. 또한 새벽에는 고요히 집중해서 생각할 수 있다. 새벽에 내린 판단은 쉽게 틀리지 않는다. 게다가 홀로 있기 때문에 남들의 말에 쉽게 흔들리지 않는다.

방법만 알면 누구든 할 수 있다. 주변에 "저도 세빛희 님처럼 되고 싶어요"라고 하는 분들이 많다. 대부분 아이를 키우고 있는 주부나 워킹맘이다. 지금의 인생이 전부라고 생각했는데 퇴사하고 1인 기업가로 사는 나를 보고 꼭 그렇게 되고 싶다고 이야기한다. 충분히 될 수 있고 그 이상으로도 할 수 있다. 다만 앞에서 소개한 사람들의 특징들을 당신도 갖춰야 한다.

나는 오히려 워킹맘이었기 때문에 그런 상황에서 벗어나려는 에너지가 있었다. 물려받은 재산이 없고 돈 때문에 힘든 삶을 산다는 사실이 부동산 공부를 하게 만들었다. 만약 처음부터 내 집을 갖고 시작했거나 돈 걱정을 할 필요가 없는 삶을 살았다면 절대 부동산 투자를 하려고 하지 않았을 것이다.

결핍은 사람을 움직이게 만든다.
부족하다는 것은 오히려 감사한 일이다.

요즘 아이들은 부족함을 모르고 산다. 자녀를 적게 낳고 잘 키우자는 생각 때문인지 자녀가 원하는 것은 뭐든 해주려고 한다. 그러나 지금 내 아이들을 봐도 아이에게 어느 정도 결핍을 느끼게 해주는 것이 좋은 교육이라는 생각이 든다. 내가 만약 모든 것을 충족하며 살아왔다면 절대 변화하려고 하지 않았을 것이다. 이미 만족한 인생을 살고 있기에 굳이 그럴 필요가 없는 것이다. 부족한 사람은 부족함을 극복하고자 하는 힘이 있다.

얼마 전 부동산 공부를 처음 시작하는 분과 이야기를 한 적이 있다. 그는 지금까지 투자라는 걸 해본 적이 없었다. 1주택

자였는데 사람들이 다들 부동산에 관심을 가지니 덩달아 관심을 갖게 되었다고 했다. 하지만 막상 공부하려고 하니 왜 공부해야 하는지 모르겠고 잘되지 않는다고 했다. 지금의 삶에도 충분히 만족하기 때문에 굳이 힘들게 변화할 필요를 못 느낀다는 것이다.

하지만 조금이라도 더 자유로운 삶, 능동적인 삶을 살고 싶다면 변화해야 한다. 물의 흐름에 역행해서 나아가는 연어처럼 나아갈 줄 알아야 한다. 여기에 강력한 힘을 보태줄 수 있는 것이 결핍이다. 결핍이 있는 사람은 성공할 수밖에 없다.

오늘부터 나의 삶에서 결핍을 찾아보자. 나는 지금 무엇이 부족하며, 부족한 것을 무엇으로 채울 것인가? 거기에 내가 나아갈 방향에 대한 정답이 있다.

방구석에서 부를 창출하는
수익화 모델

예전에는 지방에 거주하다 보니 강의나 모임 등을 만들고 운영하는 데 제약이 많다고 생각했다. 무언가 시도해보려면 서울로 거주지를 옮기는 방법밖에는 없다고 생각했다. 하지만 절대 아니었다. 우리에겐 온라인 세상이 있다. 온라인에서 사업을 시작하고 수익화 모델을 만드는 것은 마치 방구석에서 온라인 세상에 나만의 건물을 짓는 것과 같다.

온라인과 오프라인의 차이를 비교해보자. 오프라인에서 무언가를 해보려면 공간이 필요하다. 공간을 대여하든, 매입하든 꽤 큰 비용이 발생한다. 그리고 그 사업에 맞게 인테리어도 해야 하고 물건도 들여야 한다. 그런 부분에 대한 비용들도 상당하다. 하지만 온라인 세상에서 시도하는 것은 전혀 돈이 들지 않으며 블로그 하나만 있어도 충분하다.

이것을 '지식창업'이라고 한다. 지식창업은 내 머릿속에 있는 지식을 자본으로 하기 때문에 전혀 비용이 발생하지 않는다. 이는 곧 무엇이든 자유롭게 시도할 수 있다는 것이다. 현재 내가 운영하는 수익화 모델은 부동산 정규 강의, 블로그 강의, 새벽 기상 모임이다. 그전에는 전자책, 쿠팡파트너스, 부동산 멘토링, 스마트스토어도 시도했다. 이렇게 많은 수익화 모델을 만들고 시도할 수 있었던 이유는 시도하는 데 비용이 들지 않았기 때문이다.

지식창업자들의 시대가 열리다

코로나19 이후 세상은 더더욱 온라인화되었다. 사실 이 팬데믹으로 크게 피해를 입은 분들도 많다. 하지만 우리의 생활방식은 온라인화로 더 광범위하게 확장되었다. 코로나19가 발생하기 전에는 부동산 강의도 대부분 오프라인에서 열렸다. 유명한 강사의 강의를 듣기 위해서는 새벽부터 기차를 타고 가서 수업을 듣고 다시 내려와야 했다. 강의 비용에 교통비까지 들어가니 부담이 되는 게 사실이었다.

아울러 오프라인에서 하다 보니 강사 한 명당 감당할 수 있는 수강생 인원이 한정되었다. 인원이 한정되다 보니 금세 신청이 마감되는 경우도 많았다. 하지만 코로나19가 발생한 후 오프라인에서 사람들을 만나는 것이 어려워졌다. 사람들은 코로나에 감염될까 봐 집에서 나오려 하지 않았고, 직장도 재택근무로 많이 바뀌었다.

오프라인 강사들에게는 이 상황이 치명적이었다. 여태 오프라인에서 강의를 잘하던 분들도 강의가 잠정 중단되면서 직업을 잃을 위기에 처했다. 아직도 기억이 생생하다. 출근길에 평소 존경하던 김미경 강사님의 유튜브 영상을 보았다. 강사님은 오프라인 강의가 코로나19로 갑자기 끊겨서 너무 힘들다고 했다. 하지만 그럼에도 직원 감축을 하고 싶지는 않다고 했다.

이 영상이 업로드된 지 얼마 되지 않아 강사님은 온라인에서 강의를 론칭했고 대박이 났다. 김미경 강사님이 운영하는 MKYU교육 플랫폼은 온라인 강의를 수강하고 싶은 사람들이 몰리면서 급성장하기 시작했다.

3장 새벽 4시, 내 안의 부를 깨우는 시간

부동산 분야에서는 렘군 님이 그랬다. 코로나19 이후 오프라인에서 하던 강의들을 빠르게 온라인으로 전환하기 시작했다. 온라인으로 바뀌면서 오히려 시간과 장소에 제약을 받지 않게 된 수강생들은 집에서 편하게 강의를 수강했다.

이때부터 줌의 인기가 급상승했다. 이것만 있으면 집에서 편한 옷을 입고도 라이브 강의를 하거나 시청할 수 있었다. 아이들도 집에서 선생님과 줌을 켜고 수업했다. 세상은 갑자기 오프라인에서 온라인으로 이동했다. 나와 같은 지방 사람에게 정말 기회의 시기가 온 것이다.

같이 지식창업을 해왔던 동료가 있었다. 최근에 차 한잔을 마시면서 근황을 이야기한 적이 있다. 그는 얼마 전 베이커리 카페를 열었다고 했다. 카페 건물 임대부터 집기류, 빵과 커피를 만들기 위한 재료비 등 초기 비용이 많이 들어갔으며 제빵사와 직원의 월급을 제하고 나면 크게 남는 게 없다고 했다. 예전에 지식창업을 하며 들어오던 수익이 훨씬 많았다고 말이다. 그 이야기를 들으면서 '이렇게 좋은 방구석 지식창업을 왜 사람들은 하지 않을까?'라는 생각에 안타까웠다. 그래서 여기서는 실제로 내가 시도해본 수익화 모델에 대해 구체적으로 소개하고자 한다.

시간과 공간에 구애받지 않는 지식창업 모델

부동산 강의

내게 실질적인 수입을 가져다준 것은 부동산 강의다. 우선은 무료 멘토링부터 시작했다. 내가 부동산 강의를 할 만큼 자질이 있는지 시험해보고 싶었다. 그리고 사람들은 어떤 부분을 궁금해하는지 직접 경험하고 싶었다. 무료 멘토링 공지를 하고 나니 신기하게 당일에 다섯 명이 신청했다. 그들과 소통했던 경험이 부동산 강의를 만드는 데 큰 도움이 되었다.

강의를 시작했을 때도 팬데믹 상황은 여전했다. 그래서 수요는 온라인으로 넘어왔고, 이게 내게는 행운이었다. 지방에 살다 보니 서울에서 강의하려면 아이들을 시부모님께 맡기고 가야 했다. 그리고 그날 하루를 이동하는 데 몽땅 써버려야 했을 것이다.

첫 부동산 정규 강의는 줌 라이브로 했다. 매주 3시간 정도, 4주 과정으로 했다. 일주일에 한 번 3시간만 내면 되었다. 아이들에게 저녁을 일찍 먹이고 집에 있는 내 작업실에서 부동산 강의를 했다. 수강생들도 너무 좋아했다. 거주지도 전국별로 다양했다. 예전 같았으면 서울에 가서 강의를 들어야 했는데 편하게 집에서 수업을 들으니 너무 좋다고 했다. 소통 측면에서는 아무래도 오프라인에서 서로의 눈을 보고 이야기하는 것이 만족도가 더 높다. 하지만 온라인으로 실시간 소통하는 것도 강의하는 데는 크게 부족함이 없었다.

그렇게 라이브로 운영하던 부동산 강의를 녹화본으로 진행하기 시작했다. 라이브 강의의 경우는 참여할 수 있는 인원이 한정될 수밖에 없었는데, 내가 감당할 수 있는 인원은 한 번에 최대 30명 정도였다. 그 이상은 실시간으로 맞춤 설명을 하기가 힘들다고 결론을 내렸다. 그래서 녹화본 영상을 촬영해서 부동산 강의를 열었고 30명이었던 인원을 100명까지 늘릴 수 있었다. 대신 밴드를 운영하면서 질의응답을 했다.

부동산 정규 강의는 현재까지 녹화본 영상으로 진행하고 있으며 부동산 정책이 바뀌거나 더 보충할 내용이 있을 때마다 수시로 업데이트하고 있다. 나로서는 녹화본 영상으로 하다 보니 라이브를 하는 시간을 아낄 수 있었고, 수강생들은 정해진 시간이 아니라도 언제든 강의 시청이 가능했다.

지금은 예전보다 코로나가 잠잠해지기는 했지만 여전히 온라인 강의에 대한 니즈는 강하다. 팬데믹 이후에도 온라인 강의는 계속 이어질 것이다. 내 아이들도 온라인 강의를 듣고 있다. 원래 학원에 다니지 않았는데 고학년이 되면서 혼자 공부하는 것을 힘들어했다. 그러다 온라인 강의를 듣고 싶다고 해서 그렇게 해줬다. 요즘에는 초등학생 온라인 강의도 담임 선생님이 있어서 일주일마다 전화해 그간의 공부를 체크하고 조언을 해준다. 이렇게 운영되다 보니 매일 학원에 가지 않아도 꾸준하게 강의를 듣고 숙제를 한다. 앞으로도 온라인 강의에 대한 니즈는 더 강해질 것이다.

새벽 기상 모임

혼자 새벽에 일어나다 보니 문득 외로움을 느끼기 시작했다. 누군가 함께 새벽 기상을 하는 사람이 있다면 든든하기도 하고 더 꾸준히 할 수 있을 거라는 생각이 들었다. 그래서 새벽 기상 모임을 만들어버렸다. 블로그에 새벽 기상 모임 공지를 올렸고 다섯 명이 신청했다. 그리고 그들과 2년 넘게 새벽 기상을 했다.

사실 새벽 기상 모임이라고 해봐야 새벽에 일어나 채팅방에 '굿 모닝'이라고 인사를 하는 게 전부였다. 그러나 그 인사 한마디의 위력은 대단했다. 매일 인사를 하다가 하루라도 안 하면 사람들이 내가 새벽 기상에 소홀해졌다고 생각할 것 같았다. 덕분에 그전보다 더 꾸준히 새벽 기상을 할 수 있었다.

이것을 유료화한 것이 지금의 세부루 프로젝트다. 세부루는 '세빛희와 함께하는 부자 되는 루틴 만들기'의 줄임말이다. 정말 부자가 되는 루틴을 알려주고 함께 만들어가고 싶었다. 나는 새벽 기상을 통해 내가 목표했던 것들을 모두 이룰 수 있었다. 다른 사람들도 그게 가능하다는 것을 알게 해주고 싶었고 습관으로 정착되도록 돕고 싶었다.

세부루는 새벽 5시에 줌 독서실을 연다. 단순히 새벽 기상 인증만 하기보다는 온라인 공간이지만 한곳에 모여서 같이 공부하면 더 열심히 할 수 있겠다고 생각했다. 줌 링크를 보내면 모두 음소거를 한 후 참여한다. 각자 생산 활동을 하는 것이다. 나 같은 경우는 일하는 모습을 화면으로 띄운다. 내가 열심히 하는 모습을 보여야 더 동기부여가 될 수 있다고 생각했다. 그리고 만족도가 정말 높았다.

"세빛희 님이 자판을 치는 속도가 빨라지면 저도 더 열심히 해야겠다고 정신을 차리게 돼요."

지금도 세부루 프로젝트는 계속되고 있다. 새벽을 함께할 수 있는 사람들이 많아져서 나 역시 더 꾸준하게 새벽 기상을 하고 있다.

블로그 브랜딩 강의

블로그 브랜딩 강의 '블라블라'도 시작했다. 블라블라는 '블로그 라이프'의 줄임말이다. 블로그가 일상이 되어야 한다는 의미다. 나도 블로그가 있었기에 브랜딩을 할 수 있었다. 매일 새벽에 써왔던 블로그 글쓰기 덕분에 책까지 낼 수 있었다. 나는 블로그를 시작할 때 강의를 듣지 않았다. 혼자 고군분투하며 여기까지 왔고, 그래서 내가 경험한 것 위주로 강의를 만들었다.

가장 중요한 것은 블로그를 하는 목적이다. 블로그를 통해 어떻게 수익을 창출하는지에 대한 강의는 많다. 하지만 그런 수익은 단기적이라 생각한다. 좀 더 장기적으로 꾸준히 수익을 창출하는 방법은 내가 그만큼 브랜딩이 되어 그 분야의 전문가가 되는 것이다. 그래서 블라블라 강의의 목적은 브랜딩을 위한 블로그를 만드는 것이다. 그 수단이 될 수 있는 것이 매일 글쓰기다. '1일 1포스팅'을 해야 한다.

수강생들은 매일 밤 9시까지 내일 쓸 글의 제목을 채팅방에 공유한다. 그렇게 하면 다음 날 글쓰기에 바로 돌입할 수 있다. 그렇게 사람들이 글을 올리면 나는 그 글에 대한 피드백을 남긴다. 글뿐만 아니라 블로그 전반에 대한 사항을 체크하고 개선할 사항을 알려준다.

블로그는 한눈에 사람들이 전문가라고 느낄 수 있어야 한다. 그것을 보여줄 수 있는 것이 블로그 타이틀, 프로필 사진, 닉네임이다. 블로그 타이틀은 내가 어떤 일을 하는 사람인지가 드러나야 한다. 그리고 프로필에는 내가 드러날 수 있는 사진이 있어야 한다. 그렇게 해야 신뢰감을 줄 수 있다. 얼굴 공개가 어려운 분은 옆모습이나 나를 드러낼 수 있는 이미지를 쓰는 것도 추천한다. 닉네임은 세상에서 유일한 나만의 것이어야 한다. 지식창업을 하고 싶은 분들은 닉네임부터 세상에서 유일한 것으로 바꿔보자. 그렇게 하면 세상에서 유일한 사람이 될 수 있다.

블로그 강의를 하면서 내가 강조한 부분은 블로그만 하지 말고 꼭 유튜브도 시도해보라는 것이었다. 사실 노출 측면에서는 유튜브가 월등히 높다. 하지만 블로그를 먼저 하는 이유는 유튜브에 비해 허들이 낮기 때문이다. 블로그에 익숙해지면 유튜브 대본을 쓰는 연습이 저절로 된다. 대본만 잘 쓸 수 있다면 유튜브도 충분히 할 수 있다. 블로그와 유튜브를 둘 다 하게 되면 1인 기업가가 될 준비는 모두 마친 셈이다.

도서 집필 및 판매

전자책을 쓰려고 했던 이유는 처음부터 정식으로 책을 쓸 엄두가 나지 않았기 때문이다. 나 같은 사람에게 책을 쓰자고 제안할 출판사는 절대 없으리라 생각했고 내가 먼저 출간 제안을 할 엄두도 내지 못했다. 상대적으로 전자책은 허들이 낮다고 생각했다. 당시 전자책이 꽤 인기를 끌었고 관련 책들도 나왔던지라 한번 도전해보고 싶었다.

일단 부동산을 주제로 목차를 구성하고 '크몽'에 제안을 했다. 몇 번 거절을 당했다. 하지만 100퍼센트 거절은 아니었고 내용을 보강해달라고 했다. 몇 번의 수정 끝에 크몽에 전자책을 올릴 수 있었다. 처음에는 주변 지인들에게 책을 사달라고 부탁했다. 하지만 늘 그렇듯이 지인 효과는 잠시 반짝할 뿐이다. 망망대해에서 나의 전자책은 그저 한 점일 뿐이었다. 하지만 점점 블로그 이웃이 늘고 유튜브 구독자가 늘면서 전자책을 사는 사람들도 늘어났다. 그러다 정식으로 책을 출간하면서 전자책은 중단한 상태다.

중요한 사실은 혼자 전자책을 써보면서 책을 쓸 수 있는 기본기를 익혔다는 점이다. 스스로 제목과 목차를 짜고 내용을 구성해봤기 때문에 책을 쓸 때도 겁이 나지 않았다. 누구나 인생에서 내 책 한 권은 있었으면 할 것이다. 하지만 글 한 편도 아니고 책 한 권을 낸다고 마음을 먹기는 쉽지 않다. 당장 책 출간이 두려운 분들은 꼭 전자책부터 시도해봤으면 한다. 이는 분명 책을 출간할 수 있는 길을 열어줄 것이다.

최근 내 블로그 강의를 들은 공율득 님은 1주택 갈아타기 전자책을 만들고 본인의 블로그에서 무료 나눔 이벤트를 진행했는데 반응이 매우 뜨거웠다. 직장인인 그는 매일 새벽에 일어나 블로그 글을 썼다. 그 글을 통해 나는 그가 최근에 1주택 갈아타기에 성공한 것을 알게 되었다. 그래서 내 유튜브 채널에 그를 초대해 1주택 갈아타기 성공 사례에 대한 인터뷰를 진행했고 많은 관심을 받았다.

인터뷰 이후 그는 1주택 갈아타기 전략에 대한 전자책을 만들었다. 무료 나눔을 통해 수요를 확실히 확인했기 때문에 그 다음에는 더 내용을 보강해서 유료로 판매를 할 수도 있고 책으로도 출간할 수도 있었다. 그처럼 꼭 전자책 플랫폼을 활용하지 않아도 된다. 블로그 하나만 있으면 누구든 할 수 있다.

오늘부터 내 경험과 이야기를 전자책으로 내보겠다는 마음으로 조금씩 글을 쓰기 시작하자.

쿠팡파트너스 및 스마트스토어

쿠팡파트너스를 시작한 이유는 초반에 블로그와 유튜브에서 눈에 띄는 성과가 없었기 때문이었다. 당장 수익이 될 수 있는 장치가 필요했다. 유튜브 영상을 보다가 쿠팡파트너스로 돈을 벌 수 있다는 것을 알게 되었다. 마음이 혹했다. 하지만 이것을 잘하기 위해서도 뭔가 매뉴얼이 필요하다고 생각해서 쿠팡파트너스에서 제일 유명한 강사의 강의를 신청했다.

그는 직장을 다니면서 부업으로 쿠팡파트너스를 했고 수익을 아주 많이 발생시켜 이제 강의까지 하고 있었다. 너무 부러웠다. 딱 100만 원 정도 수익만 발생해도 당장 퇴사를 감행할 수 있을 것 같았다. 하지만 실제로 해보니 들어가는 시간 대비 수익이 너무 미미하다는 사실을 알게 되었다.

물론 이것으로 많은 수익을 내는 분들이 실제로 있었다. 하지만 내게는 맞지 않았다. 쿠팡에서 제품을 하나 선택해서 내 블로그에 이 물건이 왜 좋은지에 대한 홍보를 하는 것이었다. 대놓고 하는 광고가 아니라 정말 좋아서 추천한다는 식으로 글을 써야 했다. 그렇다 보니 실제로 그 물건을 구입하고 사용하고 사진을 찍어서 글을 올려야 했다. 하지만 그런 식으로는 큰 수익을 낼 수 없었고 생각보다 구매 전환이 이루어지지 않았다. 얼마 안 되어 내 길이 아니라 판단하고 그만두었다.

스마트스토어도 비슷했다. 이 분야에서 유명한 분의 강의를 들으면서 스마트스토어도 직접 만들었다. 하지만 이 역시 생각보다 시간을 많이 투입해야 했다. 또 시간을 투입해도 물건이 잘 팔리지 않는 경우도 많았다. 이것도 곧 그만두었다. 하지만 내가 아는 N잡러 이과장 님은 스마트스토어로 월 1,000만 원을 벌고 있다. 나는 실패했지만 제대로 하면 분명 성공할 수 있다. 한 번쯤 수익 창출의 수단으로 고민해보는 것도 좋다.

직접 해봐야 안다

내가 시도했던 수익화 모델이 모두 성공한 것은 아니다. 하지만 일단 시도는 해봤다. 시도해보고 나와 맞지 않다고 생각하면 과감히 버렸다. 그리고 새로운 모델을 만들었다. 그렇게 반복하면서 점점 내게 맞는 수익화 모델을 찾고 이를 오래 유지하는 법을 알아갔다.

지금도 머릿속에선 어떤 수익화 모델을 만들지, 사람들이 어떤 문제를 안고 있고 어떤 식으로 해결해줄지를 궁리한다. 그렇게 하다 보면 어느 순간 아이디어가 떠오른다. 그러면 고민하지 않고 바로 대략적인 형태를 만들어 시도해본다.

시도하는 과정에서는 반드시 시행착오를 겪게 된다. 그때마다 개선하고 반복하면서 점점 더 완벽한 형태로 만들어가는 것이다. 따라서 시도해보지 않으면 그 방법이 어떤 문제점이 있는지 알 수 없다. 직접 해봐야 알 수 있다. 해보는 것을 겁내지 마라. 최대한 빠르게 많이 실패해봐야 한다는 것을 꼭 기억했으면 한다.

브랜딩 글쓰기부터
시작하라

글쓰기로 돈을 번다고 하면 많은 사람이 당장 수익화로 연결되는 글을 떠올린다. 그래서 체험단에 소중한 블로그를 내어주고 만다. 체험단이 무조건 나쁘다는 것은 아니다. 하지만 그렇게 다른 사람들의 광고나 홍보에 내 블로그를 내어주게 되면 나만의 색깔이 사라지게 된다.

나는 단 한 번도 광고 및 체험단 요청을 수락한 적이 없다. 사실 가끔은 흔들리기도 했다. 저렇게라도 해서 조금이라도 수익을 내야 하지 않을까? 하지만 이내 마음을 추슬렀다. 더 먼

미래에 내가 되고 싶은 모습을 상상했고, 그 모습은 부동산 전문가였다. 블로그에 쌓여가는 부동산에 대한 내 경험과 이야기를 보며 분명 그런 날이 오리라 생각했다.

뾰족한 글이란 무엇인가

처음 블로그를 하는 분들이 많이 고민하는 것이 이런 부분이다. 단기적인 수익을 벌 것인가, 장기적인 수익을 바라고 인내할 것인가? 나는 후자를 선택했다. 5년 동안 블로그 글쓰기를 해왔다. 아무도 찾아주지 않았던 내 블로그의 이웃 수는 현재 1만 5,000명 정도다. 나는 블로그를 통해 부동산 전문가로 나 자신을 브랜딩할 수 있었고 이를 토대로 유튜브로 나아갈 수 있었다. 그 가치는 돈으로 환산하기 어려울 정도다. 그리고 내 블로그는 분명 지금보다 더 성장할 것이다.

보통 한 사람이 원하는 목표를 이룰 정도가 되려면 평균적으로 5년이 걸린다고 한다. 평균이기 때문에 사람에 따라 더 빠르거나 늦을 수도 있지만 내 경우 딱 5년이 걸렸다. 아무런 성과가 없던 구간이 5년이었다. 그 구간 동안은 포기할지 계속할지만 생각했다. 처음에는 매일 글을 쓰는 게 너무 재미있었다.

하지만 어느 순간 내 블로그가 더 이상 성장하지 않고 정체되었다는 생각이 들었다. 블로그를 나보다 훨씬 늦게 시작한 친구가 나를 넘어서는 것을 보며 속이 쓰리고 아팠다. 그런 순간을 모두 인내해야 한다. 또 누군가는 내가 힘들게 쓴 글에 혹평을 내리기도 한다.

"당신의 글은 뾰족함이 없고 기승전결이 전혀 맞지 않아요."

이 이야기를 들었을 땐 정신이 확 들었다. 그동안 자아도취에 빠져 내 글이 최고라고 생각했다. 내 기준에 갇혀 나를 제대로 파악하지 못했다. 자존심에 상처를 받고 한 달 동안 방황했다. 이 지긋지긋한 글쓰기를 그만둘까? 수도 없이 생각했다. 이만큼이나 해왔는데 이런 이야기를 들을 정도면 정말 재능이 없는 거라고 자책했다. 그동안 써온 글을 모두 지우고 싶어 블로그에 들어갔다.

과거에 썼던 글들을 다시 찬찬히 읽어보기 시작했다. 너무나 엉성하고 보잘것없었지만 점점 더 나라는 사람이 그 글에서 보였다. 우리는 늘 결과를 먼저 생각하지만 내가 몇 년간 반복해온 과정은 결코 무시할 수 없는 것이었다. 새벽마다 그 글들을 적으며 혼자 웃고 울었던 나만의 추억이 고스란히 적혀 있었다. 다시 방향을 재설정했다.

이때부터 거의 부동산에 대한 글만 썼다. 뾰족한 글을 쓰기 위해 너무 많은 내용을 넣기보다는 그중 하나를 정해 최대한 구체적인 사례를 적고 그림과 표를 넣었다. 예전에는 두서없이 글만 쭉 적었다면 이제는 소제목을 정해서 일목요연하게 글을 써나갔다. 그렇게 했더니 훨씬 더 많은 댓글이 달리고 많은 사람이 공감을 눌러주었다.

매일 글을 쓰게 되면 생각이 정리된다. 글쓰기가 어려운 것은 생각이 잘 정리되지 않기 때문이다. 매일 아침 하나의 주제를 정해놓고 글을 쓰다 보니 생각을 정리하는 게 습관이 되었고 책을 써나가는 것이 전혀 힘들지 않았다.

무엇이든 쓸 수 있다

최근에는 블로그 강의를 진행하고 있다. 이 강의를 듣는 사람들은 대부분 블로그 글쓰기로 브랜딩을 하고 수익으로 연결하고 싶어 한다. 제일 첫 시간에 우리는 블로그 글쓰기를 할 분야를 정하는 시간을 가졌다. 그러자 부동산, 신혼부부 재테크, 피부관리, 자녀 경제 교육, 영어 교육, 독서 등 다양한 분야가 쏟아졌다. 분야를 정할 때 가장 중요한 것은 나중에 수익화로 연결될 수 있느냐다. 수익화가 되려면 사람들이 지금 고민하는 문제를 해결해주는 것이어야 한다. 그러면 분야마다 하나씩 짚어보자.

첫째, 부동산은 돈에 대한 고민을 해결해줄 수 있다. 글 쓸 주제도 처음에 어떻게 부동산 공부를 시작하면 되는지부터 임장을 하는 법, 부동산 강의를 고르는 법, 부동산 책 소개 등 무궁무진하다. 그리고 이 안에서도 자신만의 브랜드를 만들 수 있다. 내 강의 수강생 중에 한의사가 있었다. 그녀는 블로그 타이틀을 '부동산 공부하는 한의사'로 정했고 프로필 사진에는 가운을 입고 진료하는 사진을 넣었다. 이렇게 하면 '부동산+한의사'라는 나만의 차별점이 생긴다.

또한 그냥 '부동산'이라고 정하기보다는 구체적인 타깃을 덧붙이는 것도 좋다. 초보를 위한 부동산, 엄마를 위한 부동산, 3040을 위한 부동산, 5060을 위한 부동산 등 타깃을 좁힐수록 더 찐팬을 만들 수 있다.

둘째, 신혼부부 재테크다. 신혼부부 재테크는 타깃이 더 확실하다. 결혼을 준비하는 예비부부나 갓 결혼한 신혼부부 모두

포함될 수 있다. 결혼하면 가장 고민되는 것 중 하나가 어떻게 돈을 모아서 내 집 마련을 할 것인가다. 처음부터 내 집 마련이 된 신혼부부는 드물 것이다. 보통 임대로 시작해서 일정 기간 돈을 모아나간다. 신혼부부를 타깃으로 했다면 가계부를 쓰는 방법, 통장을 분리해서 활용하는 법, 청약 공부하는 방법, 소비를 절제하는 방법 등으로 글을 쓸 수 있다. 이 분야에서 성공한 분의 블로그를 참고하면 더 많은 도움을 받을 수 있다.

셋째, 피부관리다. 사람들은 피부에 관한 고민도 많이 한다. 특히 나이가 들수록 어떻게 하면 더 젊어질지 고민한다. 피부과나 피부관리실에 다녀도 그때뿐이다. 매번 비용이 부담되는 것도 사실이다. 집에서 간편하게 할 수 있는 마사지법이나 팩을 만드는 방법이 궁금하다.

피부관리를 키워드로 검색해보면 제품 홍보나 사업장 홍보를 목적으로 하는 곳이 많다. 이런 곳은 블로그에 들어가자마자 거부감이 든다. 아무리 홍보가 목적이라 하더라도 블로그에서는 드러나지 않아야 한다. '이 사람은 피부관리에 대해 자기가 알고 있는 것 하나하나 알려주려는 사람이구나!'라는 느낌이 들어야 한다. 그렇게 하다 보면 자연스럽게 "제품을 구입하고 싶은데 구매처를 알고 싶어요"라는 글이 달린다.

넷째, 자녀 경제 교육이다. 이 분야를 하고 싶다고 한 수강생은 초등학교 교사였다. 실제로 두 아이를 키우면서 경제 교육을 하고 있었다. 그런 사례를 글로 남기고 싶어 했다. 많은 학부모가 자녀의 경제 교육에 대해 고민이 많기 때문이다.

지금 열두 살 이하의 아이들을 가리켜 '알파 세대'라고 한다. 알파 세대는 태어날 때부터 풍족한 부모의 보호 아래 자라났다. 아이를 적게 낳아서 귀하게 키우기 때문에 부족함 없이 자랐고, 그렇다 보니 돈에 대한 결핍이 없다. 뭔가를 갖기 위해 노력해야 한다는 것을 알지 못한다.

나는 자녀에게 가장 큰 가르침은 결핍이라 생각한다. 어떻게 하면 그것을 가르칠 수 있을지 나뿐만 아니라 많은 부모가 고민할 것이다. 그런 부분에 대한 문제를 해결해줄 수 있다면 분명 자녀 경제 교육 전문가로 브랜딩할 수 있고 관련 책을 출간하면서 수익을 만들어갈 수 있을 것이다.

다섯째, 영어 교육이다. 이 분야를 하고 싶다는 수강생은 실제로 영어학원을 운영하고 있었다. 그래서 영어 교육에 대한 글을 쓰고 싶다고 했다. 영어 교육 역시 부모들이 많이 고민하는 분야다. 나 역시 그랬다. 처음에는 당연히 영어유치원에 보내야 영어를 잘하는 줄 알았다. 2년간 어떻게든 아이의 영어 실력을 끌어올리겠다는 마음으로, 비용이 부담되었음에도 영어유치원에 보냈다.

하지만 2년을 보내도 한 줄짜리 영어책 한 권 제대로 읽지 못했다. 충격이었다. 그때부터 영어 홈스쿨링 관련 책을 사서 집에서 영어 교육을 했다. 매일 영어책을 원어민 발음으로 듣고 스스로 읽게 했으며, 영어로만 말하는 영상을 매일 한 시간 이상씩 보게 했다. 그러면서 책에 나온 대로 되지 않는 부분들이 나타났다. 책에는 그렇게 하라고 하는데 막상 우리 아이들은 그 방법을 싫어했다. 그럴 때마다 내가 제대로 하는 건지 고민이 되었다.

이런 고민을 해결해주는 방향으로 영어 교육 블로그를 운영한다면 분명 수익화로 연결될 수 있을 것이다. 이때도 역시 영어학원 홍보를 직접적으로 하기보다는 오늘은 이 영어책의 줄거리와 공부법에 대해 알려주겠다는 식으로 글을 써나가는 것이 좋다.

여섯째, 가장 어려웠던 분야가 독서였다. 한 수강생이 독서를 블로그 주제로 정하고 싶다고 했다. 그 이유는 그동안 독서를 너무 멀리했기 때문에 블로그에 독서에 관한 글을 쓰면서 브랜딩을 하고 싶다고 했다. 하지만 독서는 쓰려는 글의 소재가 될 수는 있어도 주제가 되기는 힘들다. 독서에도 여러 가지 분야가 있다. 부동산, 주식, 자기계발, 자녀교육 등 무궁무진하다. 그중 어느 하나를 잡지 않고 막연하게 '독서'라고 분야를 정한다면 내용이 산으로 갈 확률이 높고 한 분야의 전문가로 브랜딩을 하기가 힘들다.

이 수강생에게는 독서라는 분야에서 더 뾰족한 주제를 찾을 것을 권했다. 이런 경우는 대부분 내가 좋아하는 것을 분야로 정하려고 하기 때문이다. 내가 독서를 좋아하니까 이걸로 하면 된다고 단순하게 생각한다. 물론 독서라는 취미를 목적으로 블로그를 한다면 그렇게 해도 된다. 하지만 한 분야의 전문가가 되고 싶다면 절대 이렇게 분야를 정하면 안 된다.

수익이 나는 글쓰기를 하려면 처음에 분야를 잘 정하는 것이 가장 중요하다. 그 분야가 사람들의 고민을 해결해줄 수 있고, 꾸준하게 글을 써나간다면 분명 수익화로 연결될 것이다. 그리고 무엇이든 단기간에 되는 것은 없다. 5년만 딱 참아보자. 결국 버티는 사람만이 원하는 결과를 얻을 수 있다는 것을 기억하자.

저녁에는 꼭
하루를 점검하라

새벽 기상을 한다고 해서 저녁에 아무것도 하지 않거나 이 시간이 아무 의미도 없다는 것은 아니다. 하루 중 어떤 시간도 소중하지 않은 시간은 없다. 새벽 기상에 계속 성공하고 이 시간이 더 의미를 지니려면 저녁 시간이 정말 중요하다. 저녁을 이용해서 하루를 점검해야 한다. 새벽에 하는 생산 활동에만 집중하다 보면 잘하고 있는지, 방향에 맞게 나아가고 있는지 점검할 시간이 없다. 무슨 일이든 목적을 향해 나아가는 방향성은 정말 중요하다.

일상의 방향성 되돌아보기

방향성을 점검할 때는 하루를 끝마칠 시간인 저녁이 좋다. 나는 오후 5시까지 그날의 일정에 집중한다. 나의 퇴근 시간을 오후 5시로 정했기 때문이다. 오후 5시가 되면 컴퓨터를 끄고 앞치마를 두르고 주부로 변신한다. 그전까지는 절대 집안일에 손을 대지 않는다. 집안일이라는 건 아무리 해도 티가 나지 않는다. 손을 한번 대기 시작하면 계속하게 되고 에너지 소모가 크다. 새벽 기상을 하는 나 같은 사람에게 가장 중요한 것은 가용할 수 있는 에너지다. 그래서 절대 오후 5시까지는 집안일에 손대지 않는다.

주부로 변신하고 나면 우선 쌓인 빨래를 돌리고 밀린 설거지를 한다. 그러고 나서 저녁 준비를 하고 오후 6시쯤 저녁 식사를 마친다. 저녁도 간단하고 속이 편한 음식 위주로 먹는다. 그 이유는 과하게 먹거나 느끼한 음식을 먹으면 소화가 잘 안 되어 잠을 푹 잘 수 없기 때문이다. 그 사실을 안 이후로는 최대한 간단하게 먹고 일찍 저녁 식사를 마친다.

그런 후 남은 설거지를 하고 청소기를 돌린다. 요즘에는 고민 끝에 로봇 청소기를 구입했는데 너무 만족하고 있다. 로봇 청소기를 돌리는 시간만큼 시간이 확보되기 때문이다. 그 시간을 활용해서 유튜브 라이브에 참여하거나 강의를 듣기도 한다. 그런 후 아이들과 영어책 읽기를 한 후 각자 좋아하는 책 읽기를 한다.

마지막으로 오늘 새벽부터 잠들기 전까지 했던 일 중 생산 활동을 얼마나 했고 잘 나아가고 있는지 방향성을 점검한다. 생산 활동은 내가 누군가에게 무언가를 제공한 일들이다. 반면에 소비 활동은 누군가 제공한 것을 내가 이용한 것이다.

우리가 성장하기 위해서는 생산 활동의 빈도와 양을 늘려야 한다. 오늘 하루 동안 나는 얼마나 많은 생산 활동을 했는지 체크한다. 블로그 글쓰기, 유튜브 영상 업로드, 강의 만들기, 상담 등이 그것이다. 만약 오늘 하루 생산 활동이 부족했다면 내일 더 열심히 하면 된다.

나는 생산 활동의 빈도와 양에 대해 나만의 기준을 정했다. 블로그는 1일 1포스팅을 했다. 짧게라도 매일 쓰려고 했다. 글의 주제는 매일 저녁 노트에 적어두었다. 평소에 틈나는 대로 메모장에 기록한 것을 보면서 주제를 정했다. 이렇게 미리 쓸 거리를 정해두면 새벽 시간에 바로 글쓰기에 돌입할 수 있다.

유튜브 같은 경우는 주 3회 업로드를 목표로 했다. 유튜브도 평소 산책하거나 이동할 때 아이디어가 떠오르는 것을 메모장에 기록해두고 그것을 토대로 주제를 정한다. 많은 사람이 유튜브의 내용을 먼저 정하고 거기에 맞춰서 섬네일과 제목을 정한다. 하지만 아무리 내용이 좋아도 포장지가 예쁘지 않으면 사람들의 관심을 끌지 못한다. 유튜브는 사람들이 내 영상을 클릭하도록 만들어야 한다. 그러기 위해서는 섬네일과 제목이 사람들의 관심을 끄는 것이어야 한다.

나는 저녁 시간에 섬네일 문구와 제목을 생각하고 골라둔다. 그렇게 하면 다음 날 그것을 토대로 대본을 작성할 수 있다. 보통 대본을 작성하는 당일에 영상 촬영을 끝내고, 일차적으로 다듬은 후 편집자에게 보낸다.

책 쓰기를 할 때도 내일 어떤 내용으로 구성할지를 저녁에 대략 생각해둔다. 그렇게 해야 헤매지 않는다. 만약 어떤 책의 문구가 들어가면 좋겠다는 생각이 들면 미리 그런 책들을 찾아보고 들어간 문구까지 찾아둔다. 그렇게 하면 다음 날 새벽에 바로 그것을 토대로 글을 써나갈 수 있다.

많은 사람이 어떻게 매년 책을 낼 수 있냐고 내게 말한다. 그건 책을 쓰는 게 어렵다고 생각하지 않기 때문이다. 그리고 항상 저녁 시간에 미리 쓸 거리를 준비하기 때문이다. 어떤 일이든 준비가 중요하다. 그렇게 해두면 쓸데없이 낭비되는 시간을 줄일 수 있다.

오늘도 후회 없이 살았나요

직장 생활을 할 때는 잠들기 전에 하루를 되돌아보며 메모를 남겼다. 오늘 하루도 후회 없이 열심히 살았는지 스스로 질문했다. 그렇게 해서 열심히 살았다는 생각이 들면 정말 오늘 하루는 성공적이었다고 할 수 있다.

대부분의 하루를 되돌아보면서 후회한 적은 거의 없었다. 생각해보면 나는 하고자 한 일들을 모두 해냈다. 그런 하루가 쌓여 한 달이 되고, 1년이 된다. 지금 이 책을 쓰는 시점은 2023년이다. 늘 연초가 되면 한 해의 계획을 세운다. 그리고 그 계획을 한 달 단위, 하루 단위로 쪼개서 매일 실행하고 저녁에 점검했다. 오늘 조금 부족하면 내일 더 잘하면 된다고 생각했다. 누군가와 비교하지 않고 오직 나 자신에게 집중하고 내 페이스대로 진행했다.

그러다 2022년 연말 저녁, 한 해를 되돌아보면서 내가 무엇을 이루어냈는지 체크했다. 깜짝 놀랐다. 내가 계획했던 일의 약 80퍼센트를 모두 해낸 것이다. 처음에 계획을 세울 때만 해도 이런 생각이 들었다.

   '정말 이게 이루어질까?'

   하지만 정말 이루어졌다. 2022년 연초에 세웠던 계획에는 '월수익 극대화하기'가 있었다. 직장인이었을 때 나의 월급은 200만 원 정도였다. 하지만 2022년 내 월수익은 매월 일정하지는 않았지만 월급의 몇 배 이상으로 늘었다. 지금도 늘 이런 생각을 한다.

   '어떻게 하면 월수익을 극대화할 수 있을까?'

   그렇게 머리를 굴리다 보면 수익 모델이 떠오른다. 그런 것들이 떠오르면 고민하기보다는 일단 하고 본다. 그래야 앞으로의 방향을 찾을 수 있다.
   그런데 이렇게 다양한 일들에 몰입해서 하다 보면 건강을 소홀하게 여기기 쉽다. 아프고 나서야 '그때 건강을 챙겼어야 하는데'라고 생각한다. 나 역시 그랬다. 너무 일하면서 달릴 때는 내가 제대로 가고 있는지 절대 알 수 없다. 늘 멈추는 지점이 필요하다. 그것이 내게는 저녁 시간이었다. 이때는 잠시 모든 걸 멈추고 곰곰이 생각해본다.

> 지금 잘 나아가고 있는가?
> 다른 문제는 없는가?
> 이대로 계속해도 되는가?
> 무엇을 줄이고, 무엇을 늘릴 것인가?

뭔가 문제가 있다고 판단되면 어떻게 개선할지를 생각하게 된다. 최근에는 새벽 기상 모임인 세부루에 대해 점검할 시간이 필요했다. 저녁 시간에 그것을 하기가 딱 좋았다. 그간 세부루에 참여한 분들의 성장 일기와 설문조사 내용을 살펴보면서 여기서 어떻게 더 개선할지를 생각했다.

세부루 1기는 한 달 과정으로 진행되었는데 너무 짧다는 생각이 들었다. 습관을 만들기 위해서는 최소 3개월은 지속해야한다. 그래서 2기부터는 3개월 과정으로 진행하는 것으로 변경했다. 이때 생각해야 할 부분이 그렇다면 3개월간 무엇을 할 것인가다. 이렇게 꼬리에 꼬리를 물고 질문을 하다 보면 해결

3장 새벽 4시, 내 안의 부를 깨우는 시간

책이 떠오른다. 그러면 바로 메모하고 다음 날 적용해보는 식으로 했다.

저녁에 나만의 점검 시간을 가지면서 더 이상 방향을 잡지 못해 헤매는 일이 없어졌다. 요즘처럼 빠르게 변화하는 세상에는 열심히만 한다고 해서 성공하는 것은 아니다. 내가 제대로 가고 있는지를 늘 점검해야 한다. 그렇게 매일 나의 하루를 점검할 때 더 이상 헤매지 않고 목적지로 직진할 수 있다.

아침 5분 산책으로
집중력을 높여요

나는 매일 새벽에 일어나 생산 활동을 하고 아침에 아이들을 학교에 데려다준 후에는 혼자 가볍게 산책한다. 아이들을 보내고 다시 집으로 들어갔다가 나와서 산책하려고 했던 적도 있었다. 하지만 집으로 들어가면 다시 나가고 싶지 않았고 집에서 일하거나 쉬고 싶었다. 그런데 새벽에 에너지를 쏟고 아이들을 보내고 또다시 책상에 앉으면 잠이 쏟아지거나 집중이 제대로 되지 않았다. 새벽 기상하는 시간과 오전 일을 하는 시간 사이에 뭔가 새로운 활력소가 필요하다고 생각하게 되었다.

그래서 아이들을 학교에 데려다준 다음에 산책을 하기로

정했다. 그리고 이 루틴에 강제성을 부여할 겸 아이들과 나가기 전에 운동복으로 갈아입는다. 그렇게 해야 다시 집으로 들어오지 않고 바로 산책할 수 있기 때문이다. 아이들 학교에서 집까지는 긴 산책로가 있다. 가보면 이미 많은 사람이 걷거나 뛰며 운동하고 있다. 그런 모습을 보면 자극을 받고 더 기운이 솟는다. 흘러가는 하천을 바라보면서 산책하는 기분은 최고다.

산책할 때는 타임스탬프 앱으로 산책로 사진을 찍어 새벽 기상 모임 채팅방에 공유한다. 이렇게 하면 스스로 아침 산책을 하고 있다는 것도 자랑할 수 있고 다른 사람들도 동참시키는 효과가 있다. 매일 인증을 하기 위해 더 열심히 산책하기도 한다.

아침 산책을 할 때는 주로 유튜브 영상을 귀로 듣는데, 이때는 2배속으로 듣는다. 처음에는 원본 속도대로 들었는데 그렇게 하다 보니 더 많은 영상을 들을 수 없다는 것이 안타까웠다. 좀 더 많은 영상을 듣기 위해 속도를 높였다. 처음에는 1.5배속으로 듣고 나중에 1.75배속으로 올렸다가 최종

2배속으로 올렸다. 너무 빠른 것 같지만 익숙해지면 배속을 올려도 또렷하게 목소리가 들린다. 원래 말이 빠른 사람의 영상은 1.75배속으로 듣기도 한다.

이렇게 하면서 더 많은 영상을 들을 수 있고 정보를 얻을 수 있었다. 나 역시 부동산 교육을 하기 때문에 다른 사람들은 지금 이 현상을 어떻게 바라보는지 궁금할 때가 있다. 그리고 다른 사람들은 어떤 주제로 영상을 많이 만드는지, 그런 영상들에 달린 댓글을 보면서 사람들의 관심도를 확인한다. 댓글을 참고해서 영상을 만들 때는 더 궁금해할 내용을 넣는다. 그렇게 하면 확실히 공감도를 더 높일 수 있다.

오디오북도 마찬가지로 2배속으로 듣는다. 오디오북의 장점은 언제 어디서든 들을 수 있다는 점이다. 종이책은 어떤 장소를 정해서 앉거나 서서 읽어야 한다. 읽을 수 있는 환경이 조성되지 않으면 읽고 싶지 않다. 그렇게 하다 보니 하루에 30분도 책을 읽지 않는 날이 생기기 시작했다. 도저히 안 되겠다 싶어 생각해낸 방법이 오디오북이었다. 오디오북은 이동 중일 때나 집안일을 할 때, 산책을 할 때도 언제든 들을 수 있다. 2배속으로 들으면 하루에 한 권은 금방 읽는다.

이렇게 아침 산책은 내게 아침 도서관과도 같다. 걸으면서 공부를 한다. 나는 공무원 공부도 귀로 들으면서 했다. 기본서를 눈으로 읽으려고 하니 도저히 이해도 되지 않고 힘들었다. 유명 강사의 강의를 담은 테이프를 사서 독서실에서 워크맨으로 들었다. 그렇게 이해가 되면 그제야 눈으로 기본서를 읽었다.

부동산 공부도 그렇게 했다. 귀로 유튜브 영상이나 강의 영상을 빠른 배속으로 반복해서 들었다. 그렇게 들으면서 머릿속으로 계속 상상해서 구현해본다. 그렇게 하면 절대 잊어버리지 않는다.

고민이 있을 때는 아무것도 듣지 않고 그냥 걷는다. 그렇게 걷다 보면 갑자기 해결책이 떠오른다. 공간을 바꾸면 생각지도 못한 아이디어가 떠오르는 경우가 많다. 매일 좁은 작업실에서 일하다 넓은 실외로 나가면 갑자기 고민하던 것에 대한 해결책이 떠오르거나 유튜브 영상 주제, 앞으로 해야 할 일에 대한 중요한 아이디어가 떠오르기도 한다. 그래서 산책을 할 때는 늘 휴대폰을 들고 한다. 갑자기 생각이 떠오를 땐 바로 에버노트나 구글 문서에 기록한다. 그렇게 적어두면 절대 잊어버리지 않는다.

아무리 추운 날에도, 단 5분이라도 산책을 하려고 하는 이유는 산책의 힘을 알기 때문이다. 아이디어가 고갈되었다고 생각되거나 고민이 많을 땐 곧장 집 밖으로 나가서 산책해보자. 가만히 있어서는 절대로 해결되지 않는다. 몸을 부지런히 움직이면 답이 떠오르고, 떠오르지 않더라도 몸과 마음에 쌓인 스트레스를 해소할 수 있다. 머릿속을 움직이고 나를 움직이는 것, 이것이 산책의 힘이다.

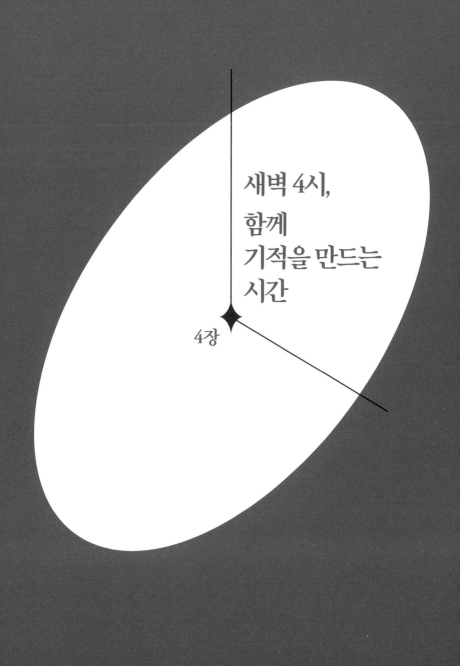

새벽 4시,
함께
기적을 만드는
시간

4장

우리가 함께
성장할 수 있다면

새벽 기상을 해온 지도 어느덧 6년이 되었다. 중간에 포기하고 싶은 순간도 당연히 많았다. 새벽부터 일어나 부지런히 부동산 공부와 글쓰기를 해왔지만 아무리 열심히 해도 안 될 것 같은 생각이 들 때도 많았다. 가족들이 모두 잠들어 있는 그 시간에 혼자 울기도 참 많이 울었다. 내가 하기로 한 것이라 누군가를 탓할 수도 없었다.

하지만 결과를 떠나 일단 새벽 기상은 내게 무엇이든 할 수 있다는 자신감을 주었다. 매일 새벽 나와의 약속을 지키고 직장으로 향할 때면 머지않아 그토록 간절히 바라던 퇴사를 할 수 있겠다는 확신이 들었다.

지금 내가 이룬 모든 것은 새벽 시간이 있었기에 가능했다. 그 기적과도 같은 시간을 다른 사람들도 알게 해주고 싶었다. 그래서 시작한 것이 세부루(세빛희와 함께하는 부자 되는 루틴 만들기) 모임이었다. 사실 처음 공지를 하기 전에는 과연 누가 신청을 할까 싶었다. 게다가 비용도 유료였다. 유료로 책정했던 것은 아무래도 비용이 조금이라도 들어가면 그 돈이 아까워 더 열심히 참여할 것 같았기 때문이다. 그런데 공지하자마자 신청이 들어오더니 이틀 만에 정원이었던 50명이 마감되었다.

깜짝 놀랐다. 요즘은 금리 인상으로 사람들이 정말 필요한 일이 아니면 지갑을 닫는 상황에 그렇게 빨리 마감될 줄은 몰랐다. 그 결과를 보면서 사람들이 얼마나 자기계발에 대한 욕구가 강한지를 알 수 있었다. 무언가를 이루고 변화하고 싶은 마음은 누구나 갖고 있었다. 다만 혼자서 변화를 이뤄내기는 어렵다고 생각하고 누군가 손을 내밀어주길 바랐던 것 같다. 변화는 마음을 먹는 순간부터 시작된다. 그리고 혼자가 아닌 여럿일 때 더 수월하게 시작할 수 있다.

그들이 새벽에 일어나는 이유

세부루를 신청한 사람들의 이유는 제각각이었다. 하지만 간절한 마음은 모두 비슷했다.

한 참여자는 남편의 외벌이 생활이 계속되면서 경제적으로 압박감을 느꼈다고 한다. 더 이상 방관하지 않고 재테크를 공부해야겠다고 마음먹고 신청한 것이었다. 아기를 키우면서 생활 패턴이 불규칙해져서 신청한 참여자도 있었다. 아기가 잠든 시간이 아까워 이것저것 하다 보면 새벽 2시를 넘기기 일쑤였다고 한다. 좀 더 규칙적인 생활을 하고 싶어서 혼자 새벽 기상을 했는데 피곤한 날은 건너뛰는 등 꾸준히 할 수 없었다. 그래서 새벽 기상을 루틴으로 만들고 싶어 신청했다고 했다.

네 살 딸을 키우고 있는 워킹맘은 아이가 아파도 연차를 낼 수 없는 직장이라 점점 회의감이 커졌다고 한다. 그래서 부동산 공부를 시작했는데 공부할 시간이 없었다. 일과 중에 부동산 공부까지 하면 가정이 파탄 날 수도 있겠다고 생각했고 하루에 2시간이라도 집중하고 싶어 세부루를 신청하게 되었다고 했다.

사실 새벽 기상 모임은 예전부터 하고 싶었다. 하지만 운영

4장 새벽 4시, 함께 기적을 만드는 시간

하는 방식에 대해 고민을 많이 했다. 처음 모임을 만들었을 때는 단순하게 채팅방에서 아침 인사만 했다. 그렇게 하다 보니 더 자고 싶을 때 자러 가고 싶은 충동을 억제하기 힘들었다. 무언가 딱 정해진 2시간만이라도 강제적으로 공부하는 장치가 필요하다고 생각했다. 그게 바로 '줌 독서실'이었다.

물론 가장 좋은 방법은 오프라인으로 정해진 장소에서 만나 공부하는 방식이다. 하지만 각자 사는 곳도 천차만별이고 새벽에 한 장소에 매일 모인다는 것도 물리적으로 힘든 일이었다. 그것을 온라인에서 한다면? 곧장 줌이 떠올랐다.

코로나19 이후 대부분의 강의를 줌으로 진행하고 있었다. 오프라인에서 만나는 것에 비하면 부족할 수 있지만 장소에 구애받지 않고 실시간 소통할 수 있다는 점이 큰 매력이었다. 매일 새벽에 줌 독서실에서 만나 음소거를 한 후 각자 공부를 한다면 어떨까? 그 방법이 가장 효과적일 거라고 생각했다.

이 아이디어에 가장 큰 영감을 준 것은 한 레지던트가 운영하는 유튜브 공부 채널이었다. 그녀는 본인이 공부하는 모습을 화면으로 보여주고 음악을 틀어준다. 얼굴도 나오지 않고 공부하는 손만 나온다. 영상의 길이는 2시간에서 3시간 정도였는데 참여하는 구독자 수가 상당했다.

이것을 줌으로 하면 더 효과가 있으리라 생각했다. 하지만 염려되는 점은 줌 같은 경우는 음소거를 하지 않으면 참여하는 사람들의 목소리나 주변 소음이 들어갈 수 있었다. 줌 독서실에 참여할 때는 꼭 음소거를 해야 했다. 내가 매번 음소거 버튼을 관리하는 것도 번거로울 수 있어 참여하기 전 숙지할 사항을 만들어 이 점을 강조했다. 그렇게 세부루가 시작되었다.

세부루 1기를 처음 하던 날이 아직도 생생하다. 염려와는 달리 첫날부터 모든 신청자가 들어왔다. 다들 새벽이라 부끄러운지 화면을 끄고 공부했다. 나 역시 일하는 손만 보이게 했다. 그런데 이 모습이 오히려 동기부여에 큰 도움이 되었다고 한다. 내가 손을 빨리 움직이며 열심히 일하는 모습을 보면 자기도 열심히 해야겠다는 생각이 들었다는 것이다.

걱정과는 달리 단 한 분도 다른 사람들에게 방해를 주지 않고 조용히 본인이 할 일에만 집중했다. 줌 독서실은 새벽 5시부터 7시까지 딱 2시간만 운영했다. 그래서 2시간 동안 최대한 집중해야 했다. 첫날에는 줌 독서실이 종료되는 7시까지 40명이 넘는 분들이 남아 있었다.

사실 이 정도 인원이 함께 온라인으로 공부하는 게 정말 가능할지 걱정이 많았다. 그런데 그게 가능했다는 게 놀라웠다.

함께하는 힘이 이렇게 강하다는 것 또한 알게 되었다. 이 새벽에 나를 변화시키고 싶은 사람들이 이렇게나 많고 이만큼 의지가 있는 분들이라면 못 이뤄낼 것이 없다고 생각했다.

세부루를 진행하면서 가장 변한 사람은 나라고 할 수 있다. 몸이 아플 때도 새벽 4시 기상을 하고 줌 독서실에 참여했다. 그렇게 한 이유는 참여한 사람들과 약속을 했기 때문이다. 나부터 흔들리면 이들도 흔들릴 수 있다고 생각했다.

나 혼자였다면 새벽 기상을 당연히 포기했을 것이다. 하지만 함께 새벽 기상을 하겠다고 일어난 50명을 생각하니 다시 잠자리에 들 수 없었다. 어떻게든 일어나 줌 독서실이 끝날 때까지 버텼다. 줌 독서실이 끝나고 눈이 너무 아파서 눕긴 했지만 어떤 상황에서도 약속을 지켰다는 뿌듯함이 몰려왔다.

그리고 나만 그랬던 건 아니었다. 한 참여자는 아기가 밤에 계속 깨서 새벽 기상을 할지 말지 고민하다 줌 독서실에 참여했는데 하고 나니 너무 뿌듯하다고 했다. 혼자였다면 절대 새벽 기상을 이렇게 오래 하지 못했을 텐데 너무 감사하다는 반응도 많았다.

최근에 읽은 책 중에 히노하라 시게아키의 《앞으로 살아갈 당신에게》가 있다.

"인간은 나약한 존재예요. 죽는 것은 나도 무서워요. 자신에
대해서는 가장 모르니까 평생 발견해나가야죠."

105세가 된 저자에게 죽음이 두렵지 않냐고 묻자 저자는 솔
직히 무섭다고 했다. 그래서 매일 아침 눈을 떴을 때 살아 있다
는 것만으로도 너무 기쁘다고 했다. 하지만 많은 사람은 이런
사실을 모르고 쳇바퀴 돌 듯 삶을 살아가는 것 같다. 나에 대해
생각할 겨를이 없다. 주어진 일을 쳐내기에도 너무 바쁘다.

지금 인생을 바꾸고 싶으면 결국 혼자만의 시간이 필요하다.
남과 함께 있으면 나에 대해 제대로 알 수 없다. 매일 새벽에는
온전히 나에 대해 생각할 수 있는 시간이 있다. 나라는 사람에
대해 매일 들여다볼 수 있는 시간이다. 이 시간에 오늘 나는 어
떤 기분인지, 무엇을 하고 싶은지 스스로 질문하고 답하며 삶
의 방향을 잡아갈 수 있다.

그래서 우리는 매일 성장하기로 했다

그렇게 우리는 함께 성장하고 또 부자가 되기로 했다. 부자라
는 것이 경제적으로도 풍족해지는 것만을 의미하진 않는다. 마

음이 여유로워지는 것도 부자라고 생각한다.

그동안은 내가 하고 싶은 것을 하는 것이 사치로 여겨졌다. 워킹맘으로 살다 보면 내가 쓸 수 있는 시간은 단 1분도 잘 주어지지 않는다. 하지만 새벽 기상을 하면 시간 부자가 된다. 내가 일어나는 시간에 따라 그만큼 시간이 주어진다. 경제적 부자도 좋지만 일단 시간 부자가 되어야 한다. 시간 부자가 되어야 그 시간을 활용해서 뭐든 시도해볼 수 있기 때문이다. 오늘부터 함께 시간 부자가 되는 길로 나아가보자.

세부루,
새벽 기상 모임에서 한 것들

누구든 부자가 되고 싶다. 부자에 대한 기준은 지극히 주관적이다. 하지만 지금 나의 현실보다 더 잘살고 싶은 마음은 누구에게나 있다. 그 마음을 실현할 수 있는 도구 중 가장 일반적인 것이 부동산이라고 생각한다. 부동산은 한마디로 '내 집'이기 때문이다.

이제까지 새벽 기상 모임을 하고 강의를 하면서 아직 내 집 하나 없는 사람들이 생각보다 많다는 걸 알았다. 아니면 내 집이 있어도 지금보다 더 좋은 곳으로 갈아타고 싶은 사람들도 많다. 하지만 문제는 방법을 모른다는 것이다. 세부루에서 부동산이라는 주제로 새벽 기상을 시작한 이유는 이처럼 방법을 모르는 사람, 돈에 대한 결핍이 강한 사람들이 많다고 생각했기 때문이었다.

2020년, 2021년은 그야말로 부동산 활황기라고 할 수 있었다. 이 흐름에 편승하지 못한 사람들은 '벼락 거지'라는 이름으로 불릴 정도로 좌절감을 맛봤다. 아무리 인구가 감소하고 있다고 해도 내 집 하나는 있어야 한다. 또한 집은 단순한 주거의 용도가 아니라 개인이 소유할 수 있는 자산 중 가장 큰 부분이기도 하다. 따라서 투자뿐 아니라 내 자산을 지키기 위해서라도 부동산에 대해 기본적인 지식은 알고 있어야 한다.

세부루 참여자들도 예전에는 누가 사라고 하면 사면 되는 줄 알았다고 한다. 하지만 그렇게 해서 몇 번 실패를 맛본 후에는 스스로 방법을 발견하고 기준을 만들어야 한다는 걸 알게 되었다. 이렇게 사람들의 돈에 대한 결핍을 듣고 나니 세부루에서 무엇을 해야 할지 계획이 섰다. 우리는 부자가 되기 위해 새벽 시간에 일어나 다음 7가지를 무조건 실행하고 공부하기로 정했다.

세부루의 7가지 모닝 루틴

1. 새벽 기상 인증

우리는 일단 새벽에 일어나자마자 타임스탬프 앱으로 줌 독서실에 참여한 시간을 찍어서 인증한다. 그렇게 해야 그 시간에 꼭 일어날 수 있기 때문이다. 새벽 기상 인증은 새벽 5시에서 5시 30분까지는 반드시 하게 했다. 새벽 기상 인증만으로도 새벽에 꾸준히 일어날 수 있다.

새벽 기상 모임에 참여하지 않더라도 친구나 지인들과 채팅방을 만들어 새벽 기상 인증을 해보길 권한다. 블로그나 인스타그램에 계정이 있다면 매일 새벽 기상 인증을 하는 것도 도움이 될 것이다.

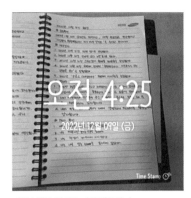

타임스탬프 앱으로 기상 인증하기

2. 세 가지 긍정 확언 적기

우리가 의욕적이기는 하지만 그렇다고 매일 똑같이 기운이 넘치는 것은 아니다. 예상했던 만큼 성과가 나지 않으면 지치기 마련이다. 나는 그럴 때마다 가장 큰 힘이 되었던 것이 긍정 확언이었다. 긍정 확언은 그것을 이미 이뤘다고 적기 때문에 이 말을 쓸 때 정말로 바라던 목표를 이뤘다는 감정이 든다.

긍정 확언은 꼭 세 가지를 내가 현재 이뤘다고 쓴다. 바라던 일을 이뤘다고 매일 쓰게 되면 무의식중에 그 바람을 이루는 방향으로 에너지를 쓰게 된다고 한다. 세부루 참여자들은 '스마트스토어 첫 주문을 받았다', '블로그 방문자 수가 100명이 넘었다', '2024년 용산에 30평대 내 집 마련을 했다', '2024년 부동산 한 채를 매수하고 자산을 확장했다', '2024년 12월 몸무게 2킬로그램을 감량했다' 등 참여자들도 지금 상황에서 이루고 싶은 것들을 적었다. 실제로 긍정 확언대로 이뤄졌다는 참여자들도 많았다. 당장 오늘부터라도 긍정 확언 세 가지를 적어보자.

3. 경제 기사 요약하기

경제 기사를 읽어야 하는 이유는 경제는 비단 부동산에만 영향을 주는 것이 아니라 우리 집 생활비에 바로 영향을 미치기 때문이다. 예를 들어 물가가 오르면 당장 나의 가계 지출에 영향을 미친다. 요즘에는 마트에 가도 안 오른 것이 없다. 하지만 경제를 모르면 내가 매일 먹는 달걀값, 생선값이 왜 오르는지 모른다.

또 겨우 대출을 받아서 내 집 마련을 했다고 하자. 하지만 갑자기 대출이자가 두 배, 세 배씩 오르기 시작한다. 경제를 모르면 대출이자가 갑자기 왜 오르는지 이해하지 못한다. 그저 수동적으로 당할 뿐이다. 전세를 사는데 전세대출이자가 두 배나 오르면 원래 내던 이자에서 이제는 두 배를 내야 한다.

갑자기 왜 이렇게 힘들어지는 걸까? 물가가 왜 오르는지, 대출이자가 왜 오르는지 모르면 매번 속수무책으로 당할 수밖에 없다. 경제는 남의 얘기가 아니라 바로 우리 집의 이야기인 것이다.

그래서 경제를 알아야 한다. 왜 대출이자가 오르는지, 금리가 무엇인지, 물가를 낮추기 위해 왜 정부는 금리를 올리는지, 미국에서 금리를 올리면 왜 우리나라도 따라 올리는지 알아야 상황을 제대로 이해할 수 있다. 글로벌 경제에서 홀로 움직이는 경제 주체는 없다. 정부와 기업, 세계에는 어떤 이슈가 있는지, 미국이 금리를 올렸는지 내렸는지를 알아야 다음 상황을 예상할 수 있다. 미리 예상할 수 있다면 대비도 할 수 있다.

그러려면 신문이나 포털 기사를 볼 때 정치, 연예 기사 말고 경제 부문을 습관적으로 보면 된다. 경제 기사도 처음에는 어렵지만 계속 보면 연예 기사보다 재미있다. 나는 요즘 종이신문을 받아 보고 있다. 종이신문의 장점은 중요한 부분을 형광펜으로 그어가면서 볼 수 있다는 점이다. 종이신문을 읽으면서 느꼈던 점은 부동산이라는 분야가 이 커다란 경제라는 분야에서 아주 작은 부분을 차지하고 있다는 점이었다. 종이신문을 보면서 좀 더 시야를 넓히게 되었다. 그래서 커피 한잔 마시면서 종이신문을 읽는 시간이 무척 즐겁다.

경제 기사는 눈으로 쓱 읽고 지나가면 기억에 잘 남지 않는다. 어려운 용어들도 많다. 하지만 몇 줄이라도 정리하면 이 기사가 무엇을 이야기하는지 비로소 이해된다. 요즘은 금리 인상으로 예전보다 생활이 더 팍팍해졌다. 다들 돈을 아끼는 것에 더 신경 쓴다. 미래가 불확실하기 때문에 현금을 더 비축하려는 것이다. 하지만 금리가 더 이상 오르지 않고 내려가는 움직임을 보이면 어떻게 될까? 매수심리가 살아난다. 현재는 매수심리 하락으로 자산시장이 하락하고 있지만 매수심리가 회복되면 자산시장이 빠르게 상승할 수 있다.

이런 타이밍을 잡기 위해서라도 경제 기사를 모니터링해야 한다. 경제 기사는 요점을 정리하고 꼭 내 생각을 적는 것이 중요하다. 예를 들어 나는 '서울 아파트값 5주 연속 하락 폭 둔화, 추세전환'이라는 기사를 보고는 부동산은 정말 다양한 시각으로 봐야 한다는 생각이 들었다. 왜 부동산이 살아 있는 생명체로 표현되는지 알 것 같았다. 정부의 규제 완화에 반응하고 금리 인상 속도 변화에 반응하는 등 여러 가지 변수로 반응하기

---

3. 오늘 본 경제기사 제목(요점, 이슈 등)
1. 시중 대출금리 내리자… 특례보금자리론 금리 0.5%p 인하

시중 대출금리 내리자… 특례보금자리론 금리 0.5%p 인하
최근 시중은행의 주택담보대출(주담대) 금리 하단이 연 4%대 초반까지 내림세를 보이고 있는 가운데, 오는 …
n.news.naver.com

최근 시중은행의 주택담보대출(주담대) 금리 하단이 연 4%대 초반까지 내림세를 보이고 있는 가운데, 오는 30일 출시를 앞두고 있는 정부의 특례보금자리론 금리에 대한 불만이 나오자 결국 금리 하향 조정이 이뤄졌다. 특례보금자리론 금리를 **일반형 연 4.25~4.55%, 우대형 연 4.15~4.45%를** 적용해 오는 30일부터 신청·접수한다.
조정된 금리로 적용될 경우 주택가격 9억원 이하, 소득제한 없는 일반형의 경우는 연 4.25(10년)~4.55%(50년)가 적용되며, 주택가격 6억원·소득 1억원 이하인 우대형의 경우 0.1%포인트 낮은 연 4.15~4.45%로 이용할 수 있다. 인터넷을 통한 전자약정방식(아낌e)으로 신청하면 추가로 0.1%포인트 금리 할인을 받을 수 있다.
또한, 중도상환수수료의 경우 기존 주담대를 특례보금자리론으로 갈아타는 경우뿐 아니라 특례보금자리론을 이용하다 중도상환하는 경우에도 면제된다

< 특례보금자리론 기본 금리 (단위 : %) >

구 분	10년	15년	20년	30년	40년	50년
일반형	4.25	4.35	4.40	4.45	4.50	4.55
우대형 (주택가격 6억원↓ & 소득 1억원↓)	4.15	4.25	4.30	4.35	4.40	4.45

주) 아낌e : (일반형) 연 4.15~4.45%, (우대형) 연 4.05~4.35%

-> 시중 은행 금리가 계속 낮아지니까 정부에서 낸 대출카드가 빛을 못받겠구나 생각했는데.
슬그머니 재빨리 내려버리네요. 은행권과 동시에 특례보금자리론 둘다 대출 상담받아보는게 좋을 것 같습니다.

경제 기사 요약하기 예시

4장 새벽 4시, 함께 기적을 만드는 시간

때문이다.

또 '시중 대출금리 내리자 특례보금자리론 금리 인하'라는
기사를 보고서는 시중 은행 금리가 낮아지니 특례보금자리론
대출을 받을 수 없으리라 생각했는데 둘 다 상담을 받을 수 있
겠다는 생각이 들었다.

이렇듯 기사를 보면서도 요점을 정리하는 데 그치지 않고 내
생각을 정리하면 실생활에 적용할 수 있을 뿐 아니라 나의 인
사이트로 남는다.

4. 한 도시를 정해서 공부하기

세부루에서는 매일 관심 있는 지역 한 곳을 정해서 공부했
다. 내 집 마련 또는 갈아타기를 하고 싶은 참여자가 많다 보니
부동산 공부를 할 겸 매일 관심 있는 도시를 공부했다. 만일 부
동산에 관심이 없더라도 전국에 어떤 지역들이 있는지 공부하
는 것은 좋다.

서울 수도권에 거주하는 사람들은 지방은 그냥 지방이라고
생각한다. 하지만 지방에도 다양한 광역시와 소도시들이 있고
각 도시마다 특성이 있다. 내가 사는 곳이 아니라도 다른 지역
을 공부해두면 지역에 대한 편견을 없앨 수 있다. 또 언젠가 다

른 지역으로 이사하게 되더라도 미리 지역을 공부해두면 훨씬 더 좋은 선택을 할 수 있다.

요즘은 평생 한 지역, 한집에 사는 사람이 드물다. 내 집에 살든, 월세나 전세를 살든 보통은 이사를 다니곤 한다. 그리고 이사할 때는 그래도 지금 사는 곳보다는 더 좋은 곳으로 가고 싶어 한다. 예를 들어 아이가 학령기에 있다면 교육 환경이 좋은 곳으로 가고 싶을 것이다. 그런 집을 구할 때도 그 지역의 입지를 잘 알아야 한다. 월세나 전세를 살다가 계약만료일이 다가와 이사할 곳을 알아볼 때는 말할 것도 없다. 같은 지역이라도 월세나 전세 가격이 다를 뿐 아니라 직장과의 거리는 가까운지, 신규로 입주하는 아파트가 있는지 알아봐야 한다.

다시 말해 지역을 공부하는 것은 내가 어디에 사는지, 내가 사는 곳의 환경은 어떤지, 나는 어떤 지역의 어떤 환경에서 살고 싶은지 알아가는 것과 같다. 따라서 나와 상관없다고 생각하지 말고 내가 사는 지역 및 다른 사람이 살고 있는 지역에 대해 공부하길 권한다.

5. 오늘 공부한 내용 정리하기

요즘에는 부동산도 무료로 활용할 수 있는 사이트가 많다.

예를 들면 네이버부동산, 아실, 부동산지인 같은 사이트가 있다. 가장 많이 보는 사이트가 네이버부동산이다. 네이버부동산에서 갈아타기하고 싶은 아파트의 시세나 매물 가격을 꾸준히 확인하면 급매를 찾을 수도 있다. 하지만 꾸준하게 체크해야 그런 매물을 찾을 수 있기 때문에 이 과정을 매일 하면 좋다.

만약 새벽 시간에 영어 공부를 하고 싶다면 미국 드라마 하나를 정해 무작정 대사를 따라 해보는 것도 괜찮다. 그리고 팟캐스트, 넷플릭스 등 스크립트가 있는 수많은 영어 자료를 활용해서 공부해보는 것도 방법이다. 산발적이기보다는 집중해서 하나를 완수하는 방식으로 실천해야 한다.

요즘에는 생성AI 혁명으로 산업 곳곳의 지형도가 달라지고 있기도 하다. 이런 흐름을 놓치고 싶지 않다면 '하루에 한 번 챗GPT 써보기', '마이크로소프트의 검색엔진 BING 사용해보기' 등 재미있는 도전 과제를 매일 스스로 만들어봐도 좋다.

이렇게 공부한 내용을 정리해서 글로 남기면 효과는 배가 된다. 조금 귀찮다고 창을 닫아버리지 말고 꾸준히 하다 보면 분명 점점 더 성장하는 나를 발견할 것이다.

세부루에서는 이렇게 정리한 것을 매일 카페에 공유하게 했다. 이렇게 하면 다른 참여자들이 정리한 내용을 보면서 한 번 더 공부하게 된다. '나는 이렇게 해석했는데 이 사람은 이렇게 했구나!' 하고 깨닫는 과정을 통해 좀 더 다양한 관점을 가지게 되고, 전에는 몰랐던 사이트도 알게 된다. 사람마다 수준이 다르지만 가장 큰 도움을 주는 사람은 함께 공부하는 동기들이라는 것을 잊지 말자.

6. 유튜브 지식 내 것으로 만들기

유튜브는 유료 강의처럼 수준이 높지 않아도 대략적인 방향을 잡는 용도로 활용하기엔 좋다. 예를 들어 관심 있는 분야가 부동산이라면 보통 처음에는 책을 많이 읽는다. 그러다 실제로 투자한 사람들의 경험담이 궁금할 수 있다. 이럴 때 자신의 경험담을 알려주는 유튜버들의 영상을 보는 것이다. 이는 부동산 투자 분야 외에도 적용 가능하다.

예를 들어 요즘 오픈AI를 이끄는 샘 알트먼^{Sam Altman}의 생각이 궁금하다고 하자. 그러면 유튜브에서 '샘 알트먼'이라는 키워드로 검색하면 관련 영상들이 많이 나온다. 그런 영상들을 보면서 그가 꿈꾸는 인공지능의 미래와 비전, 기술들을 이해할 수 있다.

또 영어 공부를 하고 싶은데 처음에 어떻게 해야 할지 고민이라면 유튜브에 '영어 잘하는 법'으로 검색하면 영상이 많이 나올 것이다. 그런 영상들을 골라 보면서 방법을 익혀가면 된다. 편집을 잘하고 싶다면 내가 쓰는 편집 프로그램 이름을 넣어서 '○○○ 사용법'이라고 검색하면 되고, 섬네일을 만드는 법을 배우고 싶다면 '섬네일 만드는 법'으로 검색하면 된다. 원하는 정보를 키워드로 검색하면 친구가 알려주듯이 아주 쉽고 친절하게 알려주는 채널들이 많다.

유튜브 역시 그냥 눈으로 보거나 듣고 지나가면 크게 남는 것이 없다. 그래서 정리가 필요하다. 블로그가 있다면 영상을 공유하고 요점 정리와 내 생각을 정리하면 정말 도움이 된다. 이 영상 하나를 만들기 위해 유튜버들은 몇 시간을 공들인다. 그렇게 정성을 들인 정보를 무료로 얼마든지 볼 수 있는 것이다. 누군가 미리 경험하고 공부한 내용을 클릭 한 번으로 내 것으로 만들 수 있다. 또한 공부에 들어가는 시간과 공도 줄일 수 있다.

요즘에는 5060 세대들도 유튜브를 많이 시청한다. 내 부모님들도 휴대폰으로 유튜브 영상을 자주 보신다. 평소 모르는 것이 있으면 이제는 유튜브에서 검색하신다고 한다. 그만큼 유튜브가 일반화되었다고 할 수 있다.

하지만 유튜브를 볼 때 주의할 점이 있다. 바로 신뢰할 수 있는 정보인지 아닌지 파악하는 것이다. 예를 들어 건강에 좋은 영양제를 소개하는 채널에서 아무리 좋다고 추천해도 함부로 먹으면 안 된다. 이 영양제 이름으로 다시 포털 사이트에서 검색해 혹시나 부작용이 있는지 알아보거나, 약국을 방문해서 약사에게 영양제에 대한 정보를 한 번 더 확인해야 한다.

7. 세금 공부하기

세금이라는 말만 들어도 머리가 지끈지끈 아파오는 사람들이 많을 것이다. 이렇게 어려운 세금을 대체 왜 공부하면서까지 알아야 할까? 그 이유는 내 집 하나를 보유하더라도 취득할 때, 보유할 때, 팔 때 세금이 발생하기 때문이다. 평생 내 집 하나 없이 살 사람도 있겠지만 그래도 많은 사람이 내 집 하나는 있어야 한다고 생각한다. 만일 자신이 그런 사람이라면 아주 기초적인 세금에 대해서는 알아두어야 세금을 몰라서 손해 보는 일을 줄일 수 있다.

증여세도 조심해야 한다. 아무 생각 없이 부모님에게 돈을 드리거나 아이들에게 증여했을 경우 생각 이상으로 증여세가 많이 나올 수 있다. 부모와 자식 간에 계좌이체를 할 때도 차용

증을 써야 하고 이자를 매달 지급해야 한다. 이런 것도 공부해야 알 수 있다. 상속도 마찬가지다. 갑자기 부모님이 돌아가시고 부모님의 집을 상속받게 되었을 때 6개월 이내에 신고하고 세금을 납부해야 한다. 신고하지 않으면 가산세 20퍼센트를 지불해야 하기 때문이다.

또 직장인이 아니라면 매해 5월에는 종합소득세 신고를 해야 한다. 종합소득세 신고를 할 때 가장 중요한 것은 평소에 증빙을 잘해두는 것이다. 공과금, 대출이자, 차량 관련 비용도 사업과 관련된 것이고 증빙만 잘 되어 있으면 세금을 줄일 수 있다. 이런 것을 몰라서 내지 않아도 될 세금을 더 내는 경우도 있으니 잘 알아두도록 하자.

이렇듯 세금은 우리 생활과 아주 밀접하게 연관되어 있다. 왜 세금을 내야 하는지 이유도 모르고 고지서만 보고 이체하는 사람들이 많다. 그리고 내야 할 세금을 내지 않으면 가산세를 내야 한다. 세금을 많이 내고 싶은 사람은 아마 한 사람도 없을 것이다. 미리 세금을 알면 절세를 하고 세금 폭탄을 피할 수 있다.

세금을 새벽에 공부하면 좋은 이유는 집중이 잘 되기 때문이다. 경제 기사를 보다 보면 세금에 대한 정보들도 나온다. 그걸

책제목	저자	내용	페이지	공부일
합법적으로 세금안내는 110가지 방법	세무사 신방수	첫째, 취득단계를 알아보자. 둘째, 보유단계를 알아보자.	39~40	02월 06일

구분	종전	현행
1세대 1주택	2년 보유(2년 거주)	좌동
1세대 2주택	새로운 주택 3년 내 처분	좌동(단, 규제지역 내 취득 시는 2년 내 처분)
※ 참고: 고가주택 과세 양도차익	장기보유 특별공제 최대 80%	10년 이상 거주 시 최대 80% 적용

3. 양도 단계 : 실수요자 및 투자수요자를 대상으로 다양한 제도가 도입

1) 실수요자

① 일시적 2주택 비과세
- 2019년 12월 17일 이전 : 2년 이내 종전 주택 처분
- 2019년 12월 17일 이후 : 1년 이내 종전 주택 처분 + 1년 이내 전입
- 2022년 05월 10일 이후 : 2년 이내 종전 주택 처분 + 전입조건 폐지

② 장기보유 특별공제
- 2021년 이전 : 24~80% 획일 적용
- 2021년 이후 : 2년 이상 거주부터 자동 적용(=최대 10년 이상 거주해야 최대 80% 공제 가능)

2) 투자수요자

① 양도세 중과는 유지 될 것으로 보이나 국내 정치 환경과 맞물려 일시적 완화나 폐지 될 가능성도 있음

② 주택임대사업자 세금감면 : 주택 취득특 시기에 따라 내용이 달라지므로 유의 할 것!
- 2018년 9월 14일 이후 : 조정대상지역내 취득한 신규 등록분은 사실상 감면 해택 소멸.
- 2020년 8월 18일 이후 : 4년 단기 임대 등록 불가, 아파트 불가

※ 2023 예상 : 현행의 세제를 급격하게 개정하는 경우, 혼란과 부작용이 커질 수 없기 때문에 시간을 두고 지속적근 세제변화가 이루어질 가능성이 있다. 또한 이러한 내용들은 대부분 국회의 동의를 얻어어 하므로 그대로 적용될 가능성도 배제할 수 없다.

세금 공부 예시

그냥 지나치지 말고 스크랩을 하거나 따로 정리해두면 좋다. 증여세, 상속세 같은 것들은 당장 나와 상관없는 이야기로 들릴지 모르지만 사실 누구에게든 일어날 수 있는 일이다. 가장 중요한 것은 관심이다. 관심이 있으면 지금 당장은 몰라도 결

국 알게 된다. 경제 기사를 볼 때도 세금 부분은 넘어가지 말고 꼭 한번 주의 깊게 읽어보길 바란다.

단 5분이라도 일단 하라

세부루에서는 매일 이렇게 7가지 일을 한다. 처음에는 이 모든 걸 어떻게 해야 할지도 막막하고 2~3시간 안에 다 하기도 어렵다. 하지만 매일 하다 보면 달라진다. 이제는 어디서 무엇을 봐야 하는지 알기 때문에 훨씬 속도가 빨라진다. 매일 7가지를 반복하다가 익숙해지면 좀 더 부족한 부분만 집중해서 해도 된다. 내 속도와 에너지에 맞춰 얼마든지 수정할 수 있다.

처음 세부루를 시작할 때는 내가 부동산 강사로 활동하다 보니 부동산을 주제로 했다. 하지만 부동산 말고 다른 주제로 하고 싶은 사람들도 있었기 때문에 2기부터는 주제를 자유롭게 정했다. 그중에서도 부동산 공부를 하고 싶은 사람들은 위에서 소개한 7가지 일정을 따라 했다. 그리고 웹툰 그리기, 영어 공부, 유튜브 영상 제작, 강의 듣기, 나를 위한 블로그 글쓰기 등 다른 주제로 하고 싶은 사람들은 좀 더 자유롭게 진행하게 했다. 하지만 주제와 순서를 자유롭게 정해도 매일 공통으로 인증해야 하는 것들은 정했다. 예를 들면 글쓰기, 감사 일기 쓰기, 긍정 확언 세 가지 적기, 독서 인증이었다.

　강제적으로 글쓰기를 하게 한 이유는 다른 사람들에게 알려주는 공부를 하게 하기 위해서였다. 이 과정에 참여하는 대부분은 1인 기업가로 일하길 원했다. 현재는 직장인이거나 주부로 살고 있지만 시간이 흘러 나라는 사람으로 자유롭게 살고 싶은 꿈이 있었다. 내가 보기에 그러려면 글쓰기가 필수였다. 내가 지금 어떤 공부를 하고 있고 나는 어떤 생각을 하고 있는지가 글에 드러나야 한다. 그 글들이 쌓이면 그 글보다 그 글을 쓰는 나를 좋아하는 사람들이 모인다. 그 사람들이 있어야 무엇이든 시도해볼 수 있는 것이다.

　그리고 감사 일기, 긍정 확언은 포기하고 싶은 나를 잡아주는 장치다. 공부를 하든, 브랜딩을 하든 세부루에서 우리는 매일 무언가를 한다. 하지만 그래도 원하는 성과는 빨리 나오지 않는다. 기대하거나 예상했던 기간까지 성과가 나지 않으면 스스로 안 되는 사람이라 생각하고 쉽게 포기하게 된다.

　이때 우리를 잡아주는 것이 감사 일기와 긍정 확언이다. 매일 작은 일에도 감사한 마음을 갖고 긍정적으로 미래를 상상하면 아무리 힘들어도 포기하지 않는다. 그리고 포기하지 않으면 반드시 이루게 된다.

독서는 우리가 가장 돈을 적게 들이고 배울 수 있는 방법이다. 2만 원이 채 되지 않는 돈으로 배우고 싶은 것들을 다 알려주는 것이 바로 책이다. 책은 내가 관심 있는 분야뿐만 아니라 다른 분야의 책도 최대한 다양하게 읽는 것이 좋다. 결국 세상의 이치는 어디에든 적용되기 때문이다. 무엇을 하든 그 안에서 가장 크게 작용하는 것은 사람들과의 관계다. 어떻게 나에게 유리하게 협상할지 고민할 때 고전에서 배운 사람의 심리가 정말 도움이 된다. 그래서 최대한 책을 다양하게 읽는 게 좋다. 세부루에서도 반드시 독서 인증을 하게 했다.

중요한 것은 위에 나열한 인증을 모두 하지 못해도, 오늘 이 중에서 단 한 가지만 해도 성공이라는 점이다. 아무것도 하지 않는 것보다는 한 가지라도 하는 것이 훨씬 낫기 때문이다. 우리가 하는 새벽 기상은 일주일 하고 그만할 것이 아니다. 평생 할 일이다. 평생 한다고 생각하면 오늘 하루 인증을 못 했다고 해서 아무 문제가 되지 않는다. 포기하지 않고 매일 단 5분이라도 책상에 앉아 노력했느냐가 더 중요하기 때문이다.

함께 하면 쉽고 빠르다

무엇이든 나 혼자 하면 힘들다. '이걸 왜 매일 해야 하지?'라고 생각하다 결국 포기하게 된다. 하지만 매일 나와 함께 공부하는 동기들이 오늘 한 공부를 인증한다. 사실 그것이야말로 정말 도움이 된다. 또 나와 다른 사람의 생각과 관점을 이해할 수 있는 중요한 공부가 되기도 한다. 세부루에서는 매일 인증 글을 카페에 올리도록 하는데, 동기들의 인증 글을 보면서 '아! 이 사람은 오늘 이곳을 이렇게 분석했구나. 같은 기사인데도 나와 다른 시각으로 봤구나' 하고 느낄 수 있다. 그런 차이점을 알게 되면서 나의 주관적인 시야에서 탈피해 객관적인 관점이 길러진다.

인증은 매일 아침 9시까지 하도록 하고 있다. 그렇게 한 이유는 오후나 저녁까지 하면 결국은 하지 않을 확률이 높기 때문이다. 완벽하게 하려고 하면 절대로 하루 만에 완성할 수 없다. 조금은 부족하더라도 정해진 시간까지 내야 한다고 생각하면 어떻게든지 몰입해서 하게 된다.

그리고 좀 더 강제성을 주기 위해 동기부여 요인이 필요했다. 아무리 유료로 참여하더라도 며칠간 지속하다 보면 지치기 마련이다. 그래서 새벽 기상 인증과 매일 인증한 글을 토대로 제일 점수가 높은 분들을 선별해서 오프라인 모임에서 만나기로 했다. 그렇게 했더니 더 열심히 하게 되었다고 사람들이 말했다.

나 역시 1인 기업가로 살다 보면 하기 싫을 때도 많다. 아무도 나를 감시하는 사람이 없고, 오늘 안 하고 내일 하면 된다고 생각할 수도 있다. 그래서 나 자신을 강제하는 장치를 계속 만들고 있다. 세부루라는 과정은 참여하는 분들에게도 강제 장치가 되지만 내게도 그렇다. 무조건 새벽에 일어날 수밖에 없다. 일어나기는 힘들지만 그 순간만 참으면 2~3시간을 온전히 내 마음대로 쓸 수 있다.

세부루 과정을 기획할 때 혼자 운영하기는 어렵다고 판단했다. 그래서 카페에서 같이 새벽 기상을 도와줄 수 있는 분들을 모집했다. 다섯 명의 조장님들과 함께 조를 편성해서 매일 사람들을 독려하고 응원했다. 그 덕분인지 포기하지 않고 다들 열심히 새벽 기상을 했다. 혼자였으면 절대로 할 수 없었던 일이다.

가끔 기적처럼, 내 머릿속에만 존재했던 일들이 현실에서 이뤄질 때가 있다. 세부루는 내 머릿속에 상상으로 존재했었다.

실행하고 싶었지만 하나하나 제약과 문제가 보였다. 하지만 혼자가 아니라 같이하면 가능했다. 이를 현실에서 이루게 해준 소친님들께 감사의 마음을 전하고 싶다.

비단 세부루 모임에 참여하지 않더라도 앞에서 설명한 매일 인증을 꼭 해봤으면 한다. 물론 인증하는 방법이나 종류는 달라도 좋다. 특히 이제 막 부동산 공부를 시작하려는 분들에게는 큰 도움이 되리라 생각한다. 그래도 혼자여서 힘들다면 세부루에 문을 두드려도 좋다. 문은 언제나 열려 있다.

우리는 매일 기적을
함께합니다

세부루를 통해 매일 기적을 경험했다. 혼자였다면 절대 그런 경험을 할 수 없었을 것이다. 결코 쉽지 않은 환경 속에서도 원하는 목표를 위해 새벽같이 일어나는 동료들을 보면서 참 많은 것을 얻었다. 첫 번째로 나는 더 이상 혼자가 아니라는 위안을, 두 번째로 의지만 있다면 누구나 무엇이든 할 수 있다는 가능성을 보았다.

세부루에 참여한 분들의 실제 사례를 통해 그 놀라운 기적을 함께 느꼈으면 해서 이 장을 마련했다.

스스로 기적을 만든 사람들

난생처음 나를 위한 공부를 하다

세부루 1기에 참여한 월타 님은 정말 부지런한 사람이었다. 평소 투자에 관심도 많고 틈틈이 짬을 내 다양한 공부를 해내고 있었다. 신문 기사, 긍정 확언, 공부한 지역 공유, 블로그 포스팅 등 세부루에서 하는 활동 모두 혼자서 묵묵히 하고 있었던 것이다. 하지만 그녀에게도 동료는 필요했다. 혼자 하려니 버티기 힘든 날이 오고, 가끔은 왜 이 일을 미련하게 하고 있지 하는 회의감도 들었다. 그러던 어느 날 우연히 '아침에 함께 기적을 만든다'라는 모토를 내건 세부루 모임을 봤고 곧 동참하게 됐다.

기대 없이 세부루에 참여한 첫날, 월타 님은 큰 충격을 받았다. 새벽에 일어나는 사람이 이렇게 많다는 것에 1차 충격을 받았고 이들의 열정적인 에너지에 2차 충격을 받았다. 그때부터 이 소박하지만 뜨거운 아침 모임에 열정적으로 참여하기 시작했다.

새벽 기상 인증부터 글쓰기까지, 마구잡이로 하던 아웃풋을 일목요연하게 정리해나갔다. 하루에 주어진 소중한 2~3시간이다. 월타 님은 이 시간을 놓치지 않고 집중해서 뭐라도 만들어내리라 결심했다. 혹시 궁금한 것이 생기면 이 모임의 리더인 내게 궁금한 점을 묻기도 했다. 나도 그녀의 열정을 알기에 성심성의껏 대답해줬다.

한 주, 한 주 집중하는 공부에 강제성이 더해지니 발전의 속도도 빨라졌다. 또한 해야 한다는 의무감보다는 정말 자기를 위해 공부한다는 느낌이 들었다. 무엇보다 지금 당장 눈에 보이는 성과가 나는 건 아니지만 매일 출근하기 전 이 모든 걸 해

처음 봤을때 망설임없이 해야겠단 생각뿐이었다.

마침 내가 한창 바쁘고 정신없는 혼돈의 카오스상태일때 12월을 맞이하였고
1일부터 막상 하려니 부담스러웠다.
줌미팅을 켜보니 새벽부터 참여한 분들이 많았다.

정신차려야겠다는 생각으로 1일을 시작하였고
한주한주 강제성이 있으니 글을 올리고 하루하루 나도 모르게 발전하고 있었따.

그리고또 자연스럽게 새로운 목표를 가지고서 2기 세부루를 신청하게 되었다.

이번프로젝트에서 새벽기상 인증
신문기사, 자기확언, 공부한지역, 시세, 세금공부, 공부한 유튜브등을 해보면서
평소에도 하고 잇었지만 이렇게 단위를 나눠서 하나씩 해보니 확실히 달리 느껴젓다.

월타 님의 세부루 후기

내는 자신을 사랑하게 됐다고 윌타 님은 말한다.

열정은 나와 주변을 변화시킨다

하루한뼘성장하기 님은 새벽 기상을 하기 전에도 매일 열심히 살았다. 그녀는 아이를 잘 키우기 위해 책 육아에 10년이 넘게 빠져 살았을 정도로 열성맘이었다. 그러던 그녀가 2021년부터 부동산에 관심을 갖기 시작했다. 새벽 기상을 통해 지역을 단계별로 공부했는데, 3개월간 새벽 기상을 하다 보니 이제는 자동으로 눈이 떠지고 몸도 훨씬 덜 피곤하다고 했다.

무엇보다 매일 새벽에 일어나 공부를 하다 보니 스스로 원하는 것을 이룰 수 있다는 자신감이 생기고 있다고 한다. 그리고 가족들의 시선도 달라졌다. 이제는 남편도 같이 임장을 가주고 응원을 해준다. 그래서 그녀는 더욱더 집중해서 공부하고, 새벽 시간이 아닌 동안에는 가족을 위해 시간을 쓰겠다고 마음먹었다.

숨겨진 나의 시간을 발견하다

달콤한인생 님은 새벽 기상을 통해 누군가의 숨겨진 시간을 봤다고 한다. 바로 나, 세빛희의 숨겨진 시간이었다. 그러면서 누군가의 성공 이면에는 켜켜이 쌓인 노력과 시간들이 있다는 것을 느낄 수 있었고, 더불어 자신의 숨겨진 시간도 찾아낼 수 있었다고 한다.

그녀는 세부루를 통해 10년 뒤 달라지길 바란다면 혼자만의 의미 있는 시간을 꼭 가져야 한다는 것을 알게 되었다. 하지만 남편은 새벽에 일어나서 뭘 그렇게 열심히 하느냐며 의아해했다고 한다. 문득 예전의 내가 떠올랐다. 나 역시 퇴사를 결심하고 새벽마다 일어나서 부엌에 있는 책상에서 열심히 부동산 공부와 글쓰기를 했다. 그 모습을 매일, 매월, 매년 보게 된 남편은 내가 하는 일은 무조건 도와줘야겠다고 마음이 바뀌었다고 했다.

Zoom 영상을 켜던 첫날,
세빛희님의 숨겨진 시간들을 보게 되었습니다.

누군가의 성공, 성과 그 이면에 켜켜히 쌓인 노력과 시간들이 있다는 것을
몸소 느낄 수 있었고,
숨겨져 있던 나의 시간들을 발견하였습니다.

변화를 원한다면, 나의 10년 뒤가 달라지길 바란다면...
혼자만의 의미 있는 시간을 꼭 가져야겠다는 결심을 하게 되는 첫 발걸음이 되었어요.

달콤한인생 님의 세부루 후기

이렇듯 상대방의 행동을 변화시키는 것은 말보다 행동이 더 우선한다. 그냥 꾸준히 하면 된다는 사실은 누구나 안다. 하지만 아무나 할 수 있는 건 아니다. 그래서 꾸준히만 한다면 내가 원하는 것은 당연히 내 것이 된다. 변화를 원한다면, 나의 10년 뒤가 달라지길 바란다면 달콤한인생 님의 말대로 혼자만의 의미 있는 시간을 꼭 가져보자. 혼자만의 시간은 외로울 수 있다. 하지만 그 시간은 무조건 나에게 보상을 해준다. 우리가 견딘만큼 우리는 바라는 인생을 살 수 있을 것이다.

세 번째 알을 깨고 나오다

럭키엘리 님은 직장인으로 바쁘게 살다 보니 어느 날 자신이 우물 안 개구리처럼 느껴졌다고 한다. 여기서 벗어날 돌파구를 찾다가 세부루를 알게 되었고 처음 새벽 기상을 시작했다. 3개월간 매일 2시간 동안 부동산 흐름을 파악하고 경제 기사 읽기를 했다. 무엇보다 동기들이 남겨주는 인증 글이 공부에 도움이 되었다고 한다.

그렇게 꾸준히 새벽 기상을 해나가던 어느 순간 그녀는 자신의 블로그에 상당한 글이 쌓여 있고 그녀와 결이 맞는 이웃들이 많다는 걸 알게 되었다. 이때는 새벽 기상 모임에 참여하지 않고 혼자 길을 걸어갈 때였다. 매일 자신을 위해 공부하고 글을 쓰는 일이 어느새 습관처럼 일상이 되었던 것이다.

현재 럭키엘리 님은 공감 가는 글쓰기에 집중하고 있다. 세부루를 통해 타인의 고민과 결핍을 채워주는 일에 대해 배운 것을 이제 하나씩 실행하려 한다고 했다. 그 기록 또한 그녀의 블로그에 차곡차곡 쌓일 것이다. 우물 안 개구리에서 이제는 다른 우물 안 개구리를 이끌어내는 사람으로 거듭난 그녀의 행보가 기대된다.

'함께'의 힘은 대단해

햇님 님은 《원씽》이라는 책을 읽고 '나의 원씽'에 대해 고민하다가 매일의 원씽은 새벽 기상이라는 것을 알게 되었다고 한다. 그녀는 혼자서도 새벽 기상을 했었지만 규칙적으로 하지는 못했다. 그러다 세부루에 참여하게 되었고 환경 설정의 중요성을 알게 되었다. 당시는 겨울이라 일어나는 게 쉽지 않았지만 '다들 줌에 모일 텐데…'라는 생각에 몸이 저절로 일어났다고 했다.

그리고 세부루에서 매일 주어지는 미션이 처음에는 쉽지 않았다. 어느 것 하나 쉽게 되는 것이 없었지만 '일단 그냥 해보자'라고 생각했다. 그렇게 하면서 생각이 정리되었고 다른 동기들이 미션을 인증한 내용들도 정말 도움이 되었다. 컨디션이 좋지 않은 날에도 줌을 가득 메운 동기들을 생각하면 몸이 저절로 반응했다. 그렇게 동기부여도 되고 열심히 하면 나도 할 수 있겠다는 자신감이 생겼다.

이처럼 '함께'의 힘은 정말 대단하다. 햇님 님은 그저 새벽

---

2. 매일 꾸준함의 힘

이 부분이 저에게 있어서는 가장 큰 성장이 아닐까 싶어요.

세부루에는 미션이 있지요.

처음에는

아. 세금을 어떻게 매일 공부하지?... 경제기사를 어떻게 매일 읽지?.. 막막했어요.

이런 고민이 들 땐 저는 항상 〈역행자〉책을 펼칩니다.

그냥 좀 해보자 ㅎㅎㅎㅎ

그 미션도 자발적인 것이지만 다른 분들 미션 수행하신 내용을 보면서 정말 놀랐어요.

아. 이런 건 이렇게도 공부해 볼 수 있구나.

아. 여기서는 내 생각 정리하는 것이 중요하겠구나.

아. 이래서 세금 공부. 경제기사를 읽는구나.

정말 많이 도움이 되었습니다.

햇님 님의 세부루 후기

기상만 했을 뿐인데 이로써 나를 발견하고 용기가 생기고 세상에 너그러워지는 마법을 경험했다고 한다. 책에서 배운 걸 현실에서 얼마든지 이룰 수 있음을 알게 해준 것이 바로 세부루였다.

우울감을 넘어 미라클 모닝으로

잇써니 님은 세부루를 신청할 당시 우울한 상태였다고 한다. 퇴사일이 정해졌지만 정작 퇴사를 위해 아무것도 하고 있지 않은 본인이 너무 한심했다. 그런 우울감과 압박감으로 대상포진까지 왔다. 도저히 할 수 없을 것 같아 몇 번이나 세부루 모임을 취소하려고 고민했단다. 하지만 이제 바닥이라는 생각이 들었고, 힘들어도 자신을 어떻게든 밀어올린다는 생각으로 세부루를 시작했다.

《미라클 모닝》 책의 한 페이지에 "나는 아침형 인간이 아니에요. 나는 올빼미족이에요. 게다가 나는 잠을 줄일 게 아니라 더 자야 할 판이라고요!"라고 쓰인 문구 아래에 "이게 나다"라고 적어 올린 사람이 본인이었다고 한다. 그처럼 그녀는 혼자였다면 하루 이틀 하다가 분명히 포기했을 것이다. 그러나 매일 함께 응원하고 약간의 경쟁심마저 들도록 집중하는 분위기에 그녀는 활력을 얻고 미라클 모닝에 성공할 수 있었다.

세부루를 하는 한 달 동안 인생이 놀랍게 바뀐 건 아니었다. 하지만 아이와 함께 더 일찍 잠

잇써니 님이 책에 한 낙서

들고 이로써 남편도 쉴 수 있는 시간이 생겼다. 아침의 시작이 즐거워지고 하루가 즐거워지는 시너지를 느낄 수 있었다. 남들에겐 어떨지 몰라도 그녀에겐 한 달 동안 미라클 모닝에 성공했다는 사실이 무슨 일이든 할 수 있겠다는 자신감을 주었다. 그것이 자신의 인생에 나비효과가 될 것이라고 그녀는 강하게 믿는다.

새벽 기상은 전염력이 있다

미래에서 온 님은 일곱 번째 세부루에 참여하고 나서 일주일 정도는 다크서클이 생길 정도로 힘들었다고 한다. 새벽에 일어나서 도대체 뭘 하냐고 묻는 아이에게 매일 새벽 기상을 하는 세부루에 참여한다고 말을 해놓은 상황이라서 더욱 멈출 수

없었다.

어느 날은 아이가 "엄마, 나도 새벽에 일어나 볼까?"라고 하더니 다음 날 새벽에 같이 일어났다. 그리고 다시 꾸벅꾸벅 잠드는 아이에게 오늘 일어난 것만으로도 너무 대단하다고 칭찬을 해줬다고 한다. 잠든 아이를 보며 그녀는 새벽 기상을 한다는 것만으로도 칭찬받을 일이며, 자신이 아이에게 해준 칭찬처럼 대단한 일이라는 걸 알게 되었다. 자신과의 약속, 누군가와의 약속을 지키는 일인 것이다.

세부루를 통해 새벽에 일어나고 공부를 하면서 그녀는 여전히 자신이 잘할 수 있을지 의심이 들곤 했지만 그럴 때마다 약

"엄마, 요즘 새벽에 일어나서 뭐 하는거야?"
"어... 엄마 부동산 공부하는 카페에서 세부루라고 새벽기상해서 함께 공부하는 프로젝트에 참여하기로 해서 일어나는거야"

그 말을 해놓고 보니 자식이 바라보고 있기에 더욱 멈출 수 없었던 새벽기상.
해내는 것을 보여주고야 말겠다는 굳은 의지로 불타오르던 시간들.

이번 달 세부루 기록 마지막 주인 어제는 "엄마, 나도 새벽에 일어나 볼까?" 스스로 물어 봅니다.
ok! 그럼 둘지가 생겨서 엄만 좋지, 일찍 일어나려면 오늘은 일찍 자~
와, 오늘 새벽에 엄마와의 약속을 지키느라 일어나더니 제가 공부하고 있는 방문을 다 열어봐 주더라고요. 부시시한 웃음과 함께.
그러더니 뒤에서 뭔가 꼬물락꼬물락 하길래 저는 공부에 집중하고 있었는데...어느 순간 조용....??
그 새 방바닥에 앉아서 꾸벅꾸벅 졸기 시작합니다.
"어어 드가서 자, 오늘은 일어나는 것 까지 했으니 내일은 적어도 30분쯤은 공부할 수 있을까야~오늘은 일어 난것 만으로도 대단해! 잘했어" ㅎㅎㅎ

미래에서온 님의 세부루 후기

속을 지킨 자신을 믿으려고 했다. 또한 누군가 나의 글을 매일 봐준다는 생각에 동기부여가 되었고, 다른 동기들의 글에 댓글을 달며 강제적으로 글을 읽게 되었다. 이로써 이중, 삼중으로 공부하는 환경이 만들어져 시간이 지난 후에는 저절로 더 공부하게 되었다고 한다.

혼자라면 절대로 할 수 없는 일

핑크쟈스민 님은 평소 시간 감각이 없어 시간을 허투루 쓴 적이 많았다고 한다. 매일 8시나 9시에 일어나 아이들 학교 보내고 밥 먹고 집안일을 조금 하고 나면 하루가 그냥 가버리는 게 불쾌했다. 똑같은 일과 속에 나를 위해 쓴 시간은 단 1분도 없는 것 같았다. 그래서 세부루를 신청하고 모임을 시작하기 전부터 시계 알람을 4개나 맞춰놓고 잤다.

새벽 기상만도 힘든데, 일어나서 7가지 미션을 수행해야 했을 때는 너무 힘들었다고 한다. 그러다 사흘 정도 지나니 루틴이 잡혔다. 요즘에는 알람이 울리지 않는 토요일과 일요일에도 눈이 떠질 정도다. 그렇게 새벽에 일어나는 일이 습관이 되고 나니 불쾌했던 마음도, 불안했던 마음도 사라지고 이제는 자신감이 솟아나기 시작했다.

핑크쟈스민 님이 매일 쓰는 긍정 확언은 '씨앗을 뿌리고 물을 뿌리고 기다리면 새싹이 나와 꽃이 피고 열매가 맺는 것처럼, 하루에 한 발자국씩 가다 보면 이뤄진다'이다. 자신이 없었지만 함께여서 할 수 있었다는 그녀가 자신의 인생에서도 꽃을 피우고 열매를 맺길 응원한다.

완벽하진 않지만 잘하고 있어

부쭐언니 님은 '내가 과연 할 수 있을까?' 하며 고민에 고민을 거듭하다 세부루를 시작하게 되었다고 한다. 아기를 낳고 너무 행복했지만, 마음 한구석에는 나 자신을 위해 노력하고 있는 것이 없다는 생각에 문득 슬픔이 밀려오곤 했다. 그래서 아무도 자기를 방해하지 않는 시간에 일어나는 것이 생각보다 괜찮았고 하루를 알찬 마음으로 시작할 수 있었다. 새벽에 무언가를 해내고 나니 낮에 아무것도 하지 못해도 스트레스를 받는 일이 확연히 줄었다.

세부루에 참여하면서 그녀는 아기의 돌잔치, 생일도 제대로 챙겨주지 못하고 지나갔다고 한다. 모든 것에 완벽하지 않았지만 그래도 열심히 잘 해내고 있다고 자신에게 말해주고 싶다고 그녀는 말한다. 사랑하는 아이에게 열심히 사는 엄마의 모

습을 보여주고 싶고, 스스로에게 만족하고 싶기에 그녀는 오늘
도 새벽에 일어나 세부루에 참여한다.

작은 습관 하나로 인생이 변하다니

너키 님은 출산과 함께 육아휴직을 하게 되었다. 휴직하면
세상 모든 것을 할 수 있을 것 같았는데 현실은 달랐다. 수시로
깨는 아기 때문에 밤낮이 바뀌어버렸고 하루가 엉망으로 돌아
갔다. 그러다 세부루를 알게 되었다. 하루 중 가장 중요한 일을
새벽 시간에 하니 하루가 길어졌다. 새벽에는 경제와 영어를
공부하고 독서를 해도 시간이 남는다. 늦게 일어날 땐 미처 몰
랐던 일이다.

그녀가 아침에 일어나서 제일 먼저 하는 일은 이불을 개는
것이다. 그리고 타임스탬프 앱을 켜고 줌 독서실에 접속한다.
작은 일이지만 이것만으로도 기분이 좋아진다. 처음에는 경제
기사를 읽는 것도 어려웠는데 동기들과 함께 하다 보니 점점
쉬워졌다. 큰 고래를 한번에 먹을 순 없다. 하지만 잘게 조각내
면 모두 먹을 수 있다.

그녀는 매일 새벽 시간에 경제 기사를 분석하고 관심 있는
부동산 시세 조사를 한다. 그리고 이를 글로 정리하다 보면 띄

엄띄엄 떨어져 있는 것 같은 지식과 정보가 유기적으로 결합된다. 이렇게 매일 공부하고 지식을 쌓고 내 것으로 만들어간다면 앞으로 무엇이든 할 수 있겠다는 확신이 든다고 너키 님은 말한다.

더 잘살고 싶다는 마음

늘 궁금했다. 도대체 이 사람들은 무엇 때문에 그 추운 겨울에도 가족이 잠든 새벽에 일어나 내가 열고 있는 줌 독서실에 들어오는 걸까? 그녀들과 매일을 함께하면서 그 사실을 알게 되었다. 그녀들이 원하는 것은 '나'를 찾는 것 그리고 지금보다 더 잘살고 싶은 것이었다.

결혼을 하기 전까지 우리는 오롯이 자기 자신으로 자유롭게 살아간다. 그러다 사랑하는 사람을 만나고 평생을 함께하기로 약속한다. 하지만 결혼하고 맞이한 현실은 상상과는 너무 다르다. 늘 여자에겐 희생이라는 단어가 뒤따른다. 남편을 위해, 아이들을 위해 희생하고 어느새 내 이름 석 자는 사라진다. 누구 아내, 누구 엄마가 나를 지칭하는 단어가 된다. 그렇지만 달리 도리가 없어 꾸역꾸역 살아간다.

하지만 마흔이 될 즈음 뭔가 다른 감정이 스멀스멀 올라오기 시작한다. 열심히는 산 것 같은데 나를 위해 이뤄놓은 것은 하나도 없다는 생각이 든다. 직장에 다닐 땐 팀장 소리 들으며 잘 나가던 때도 있었다. 하지만 아이를 키우기 위해 퇴사를 하고 나니 그저 주부에 불과할 뿐이다. 이제 와 취직하려고 해도 받아줄 곳이 없다. 난 도대체 뭘 하고 산 걸까? 내가 싫어진다. 사람도 만나기 싫어진다. 어딘가 동굴 속으로 숨어버리고 싶다. 계속 이렇게 살아야 하나? 나는 도대체 누구일까? 나도 나를 찾고 싶다!

하지만 방법을 몰랐다. 어떻게 나를 찾아야 하는지, 어떻게 하면 내가 하고 싶은 일을 하며 살 수 있을지 알기 위해 그녀들은 매일 새벽 줌 독서실로 모였다. 그녀들이 가진 건 오로지 절실함 하나였다. 우리는 그렇게 매일 절실함을 불태웠다. 그저 새벽 시간에 일어난 것뿐인데 이제야 제대로 사는 것 같았다. 가족에게도 더 당당해졌다. 그렇게 우리는 매일매일 새벽에 만났다.

결국 나를 찾든, 원하는 것을 얻기 위해서든 온전히 혼자만의 시간이 필요하다. 매일 혼자만의 시간에 나는 누구이고 앞으로 무엇을 하고 싶은지, 어떤 사람으로 살고 싶은지 생각해

4장 새벽 4시, 함께 기적을 만드는 시간

야 한다. 그녀들에겐 그것을 할 수 있는 시간이 새벽이었다. 그래서 추운 겨울이든, 더운 여름이든 그녀들은 이를 꽉 깨물고 일어날 수밖에 없었던 것이다.

더 자고 싶은 그 마음은 누구나 있다. 하지만 그때마다 '그럼에도 불구하고'를 떠올린다. 그럼에도 불구하고 나는 일어나야 한다, 나는 이 시간을 견뎌내야 한다, 그래야 나를 찾을 수 있다는 간절한 마음으로 매일 새벽 일어나는 것이다.

세부루를 하면서 왜 그녀들이 새벽에 일어나고자 했는지를 알게 되었다. 절실한 사람은 눈물이 많다. 그동안 참 많은 것을 잃고 살아왔다는 것에 대한 억울함 때문이다. 하지만 그런 만큼 열정은 끓어 넘친다. 그동안 못 해본 것, 이제라도 하자! 그녀들은 뭐든 할 준비가 되어 있다.

온라인으로 만나는 모임이라 직접 얼굴을 보고 이야기하지는 못했지만 그녀들의 열정은 오롯이 느낄 수 있었다. 더 잘살고 싶은 열정, 진짜 나로 살고 싶은 간절함을 느꼈다. 그래서 과정이 끝날 때까지 한 달간 나를 되돌아보며 성장 일기를 쓰게 했다. 스스로 얼마나 성장했는지 알게 해주고 싶었다. 그리고 정말로, 성장 일기를 쓰면서 모두 놀랐다고 한다. '내가 이만큼 달라졌다고?'

누군가의 눈에는 미미한 성장일 수도 있다. 하지만 우리에게는 누구나 변할 수 있다는 것을 알게 해주는 정말 큰 성장이다. 그녀들의 가족들도 놀란다. 가장 가까운 남편과 아이들도 엄마의 변한 모습을 보고 놀라고 더욱 지지하게 된다. 이것이 우리가 이뤄낸 결과다. 대단한 성과는 아니지만 우리는 변할 수 있는, 가능성이 있는 사람이라는 것을 안다. 이제는 계속 나아가기만 하면 된다. 포기만 하지 않으면 무조건 되니까.

누군가는 중간에 실패하기도 하고 포기하기도 했다. 하지만 나는 그 또한 작은 성공이 될 수 있다고 생각한다. 평생 새벽에 일어날 생각조차 하지 않는 사람들도 많기 때문이다. 하지만 우리는 시도했다. 시도하느냐, 하지 않느냐는 큰 차이다. 한번 시도해봤다면 실패했더라도 다시 할 수 있다. 해봤기 때문이다. 우리는 언제든 새벽 기상을 시도할 수 있다. 그리고 언제든 그 시간에 내가 이루고 싶은 것들을 이뤄나갈 수 있다.

아마 그녀들에게 새벽 시간은 해우소와 같았을 것이다. 그동안 억눌려왔던 감정을 모두 쏟아내고 비워낼 수 있는 시간이었다. 우리는 그렇게 비워내고 새로운 것들을 채워나갔다. 대단한 성공은 아닐지라도 매일 성공을 하나씩 맛보았다. 아이가 수시로 깨서 새벽 기상에 실패한 날에도 어떻게든 블로그에 글 하나라도 쓰면서 작은 성공을 맛보았다. 원래 아침형 인간이 아니었음에도 간절함 하나로 아침형 인간이 되었다.

세상에 의지만 있다면 안 되는 게 무엇이 있을까? 그렇게 해서 얻은 성공이 쌓이면 자신감이 생긴다. 자신감이 생기면 뭐든지 할 수 있다. 그동안 우리는 늘 열등감에 치여 살았다. 하지만 이젠 다르다. 매일 자신감이 넘치고, 매일 내가 사랑스럽다. 그것이 새벽 기상의 힘이자 마법이다. 자랑스러운 그녀들을 언제나 응원한다.

새벽에는
실패해도 괜찮아

많은 사람이 새벽에 일어나다가 건강이 나빠지면 포기하는 경우가 많다. 물론 건강이 더 중요하다. 하지만 쉽게 포기하기보다는 나에게 맞는 방법을 찾아나갈 수도 있다. 사실 포기하는 이유는 건강이 나빠지기 전과 똑같이 새벽 기상을 하려고 하기 때문이다.

무리하게 새벽에 일어나기보다는 나의 컨디션에 맞게 일어날 수도 있다. 지금까지는 새벽 5시에 일어났다면 6시나 7시에 일어나는 것이다. 무리하지 않고 나의 현재 몸 상태에 맞게 새벽 기상을 할 때 오히려 그 성취감으로 건강이 더 빨리 회복될 수도 있다.

뭐든 마음먹기 나름이다. 건강 때문에 새벽 기상을 포기했다면 그 좌절감에 더 힘들 수도 있다. 하지만 조금이라도 계속해서 이어나간다면 더 긍정적인 마음을 유지할 수 있고 결국 건강에도 좋은 영향을 미친다. 다시 말해 이런 상황에서도 포기하지 않고 해냈다는 것이 중요하다.

컴퓨터나 책을 많이 봐 눈이 안 좋아진 경우라면 오디오북을 활용해도 된다. 예전보다는 공부 시간을 줄이고 산책이나 운동하는 시간을 더 늘려서 건강을 회복하는 것도 방법이다. 무조건 포기하기보다는 다른 방법을 찾을 수도 있다. 중요한 것은 의지다. 의지가 있는 사람은 절대로 쉽게 포기하지 않는다. 일단 할 수 있는 모든 방법을 찾고 그것도 안 되면 그때 비로소 포기한다.

번아웃에 대처하는 법

한 수강생은 회사에서 야근이 많은 탓에 새벽 기상을 일주일 이상 못 하고 있었다. 새벽 기상을 계속 못 하고 야근하다 보니 번아웃이 왔다고 했다. 이 경우 번아웃이 오는 이유는 자신과의 약속을 지키지 못했다는 생각 때문이다. 다른 사람들은 저렇게 새벽 기상에 성공하는데 그렇지 못한 자신을 보면 이런 현상이 올 수 있다.

하지만 상황은 모두가 다르다. 특히 직장인이라면 변수가 정말 많다. 갑작스러운 회식이나 야근은 내가 통제할 수 없는 상황이다. 그렇다고 새벽 기상 때문에 퇴사를 감행할 수도 없다. 이때도 나에게 맞는 방법을 찾으면 된다. 가장 중요한 것이 마인드컨트롤이다. 지금 당장은 새벽에 일어나지 못하지만 회사 일이 어느 정도 안정되면 다시 할 수 있다고 생각하면 된다. 포기하는 것이 아니라 새벽 기상을 잠시 미룬다고 생각하는 것이다.

대신 하루에 단 5분이라도 할애해서 아주 작은 일 한 가지를 해내면 된다. 나는 감사 일기를 추천한다. 감사 일기 한 줄 적는 게 뭐가 그렇게 대단한 일이냐고 할 수 있지만 막상 해보면 이것 하나에서도 성취감을 느낄 수 있다. 항상 대단한 일을 해야만 성취감을 느낄 수 있는 건 아니다. 이런 작은 일 하나라도 해내면 실패한 기분에서 훨씬 빨리 벗어날 수 있다.

새벽에 못 한 일을 점심시간을 활용해서 할 수도 있다. 점심을 일찍 먹으면 최소 30분 정도는 시간을 확보할 수 있다. 직장에 다닐 때 나는 새벽 기상을 못 한 날에는 점심시간에 글 한 줄이라도 쓰려고 했다. 그렇게라도 하고 나면 새벽 기상을 못한 것에 대한 어느 정도의 위안을 얻을 수 있었다.

30분이면 경제 기사도 읽을 수 있고 유튜브 영상을 볼 수도 있다. 책을 읽을 수도 있다. 새벽에 하던 운동을 점심시간을 활용해서 할 수도 있다. 중요한 것은 의지다. 언제 하느냐도 중요하지만 더 중요한 것은 그 일을 했다는 것이다.

새벽 기상을 하지 못해 책 읽을 시간을 도저히 내기 어렵다면 출퇴근길에 오디오북으로 들을 수도 있다. 그래서 나는 직장에 다닐 때 책을 오히려 더 많이 읽었다. 출퇴근 시간이 왕복 2시간 정도 걸렸기 때문에 무조건 하루에 2시간은 책을 읽을 수 있었다. 이렇게 여러 방법을 찾아 시도하면 새벽 기상에 실패했거나 그 시간 동안 하고 싶은 일을 못 했다는 좌절감에서 벗어날 수 있다.

체력이 전부다

체력이 떨어져서 새벽 기상에 실패할 수도 있다. 특히 육아하면서 새벽 기상을 하는 사람은 체력이 받쳐주지 못하는 경우가 많다. 내 수강생 중 한 명도 육아로 참 힘든 나날들을 보냈다. 그러면서도 새벽 기상을 이어나가려니 도무지 엄두가 나지 않았다고 한다.

하지만 그녀는 포기하지 않았다. 한두 번 실패하더라도 새벽에 했던 루틴을 계속 이어나가려고 했으며 경제 기사를 하나만 읽어도 인증 글을 매일 카페에 올리려고 했다. 실패했다는 기분에 빠지지 않고 경제 기사를 읽고 유튜브를 보고 책을 읽고 있는 자기 자신에게 집중한 것이다. 이렇게 잠시 이탈하더라도 계속하다 보면 다시 궤도에 오를 수 있다.

역시 중요한 것은 마음가짐이다. 실패했더라도 실패한 것에 집중하는 것이 아니라 그럼에도 계속 공부를 이어나가는 나 자신에게 집중하는 것이다. 이런 사람들은 반드시 다시 새벽 기상에 성공할 수 있다. 가장 중요한 것은 실패감에 사로잡히지 않는 것이다. 새벽이 아니라도 계속 이어나가고 있다는 데 집중하면 실패감을 성취감으로 바꿀 수 있다.

4장 새벽 4시, 함께 기적을 만드는 시간

일어나기 싫은 마음을 이겨내려면

건강이 나빠졌거나 직장에 다니는 등 확실한 이유가 없음에도 새벽 기상에 실패하는 가장 큰 이유는 목표가 없기 때문이다. 새벽에 일어나 하고 싶은 일이 없다면 당연히 실패할 수밖에 없다.

세상에서 성공한 사람들은 대부분 새벽에 일어났다는 이야기만 듣고 막연히 도전하는 사람들도 있다. 하지만 이런 사람들은 며칠 만에 실패하고 만다. 그 이유는 왜 새벽에 일어나야 하는지, 무엇을 해야 하는지 명확한 목표가 없기 때문이다. 그것을 알기 위해서는 결국 스스로에게 물어봐야 한다. 내 경우는 퇴사라는 명확한 목표가 있었다. 퇴사하겠다는 목표 때문에 아무리 추운 겨울이라도 더 자고 싶은 유혹을 누르고 이를 꽉 물고 일어났다.

새벽에 일어난다는 것은 누구에게도 쉬운 일이 아니다. 하지만 간절히 원하는 것이 있다면 어떻게든 이루기 위해 일어나게 된다. 지금 일어나지 않으면 이룰 기회조차 주어지지 않기 때문이다. 목표에 대한 절실함이 매일 새벽에 당신을 일어나게 할 것이다.

목표를 정했다면 잘 보이는 곳에 적어두자. 또는 자주 쓰는 비밀번호를 목표를 연상시키는 형태로 변경할 수 있다. 예를 들면 'Icandoit' 이런 식으로 비밀번호를 변경하는 것이다. 매일 적는 긍정 확언은 그 목표를 머릿속에 더 각인시킬 것이다. 포기하고 싶은 마음이 들 때마다 목표를 보고 마음을 다잡을 수 있다.

누구나 새벽 기상에 실패할 수 있다는 사실을 받아들이는 것이 가장 중요하다. 나 역시 몸이 아프거나 그 전날 예상치 못한 일이 발생하면 실패하기도 했다. 아이가 악몽을 꾸거나 늦게 잠드는 바람에 재우느라 늦게 잠드는 경우도 있었다. 아이가 그날 악몽을 꿀지, 안 꿀지는 내가 통제할 수 있는 부분이 아니다. 늦게 잠들면 당연히 늦게 일어난다. 그런데 예전에는 그런 내가 참 못나 보였다.

아기를 키우는 엄마들은 더욱 공감할 것이다. 아무리 아기를 일찍 재워도 새벽에 수시로 깨는 일이 많다. 나는 첫째, 둘째 모두 모유 수유를 했다. 아이들은 새벽마다 젖을 달라고 울어 댔다. 수시로 깨는 아이 때문에 잠을 한 번에 푹 잘 수가 없었다. 밤중에 다섯 번 이상씩 깬 적도 많다. 만일 이런 상황이라면 새벽 기상이 정말 힘들 것이다. 아무리 새벽 기상으로 내 시

4장 새벽 4시, 함께 기적을 만드는 시간

간을 갖고 싶다고 하더라도 이런 상황이 매일 반복된다면 체력적으로 버티기 힘들다.

이럴 때는 오늘 하루 새벽 기상에 실패해도 괜찮다고 생각하는 것이 좋다. 아이가 푹 자면 더 잘할 수 있을 거라고 여지를 남겨두자. 사람마다 각자 처한 상황이 다르다. 특히 어린아이를 키우는 엄마들은 새벽 기상이 힘들다는 것을 인정하자. 매일 새벽 기상은 힘들 수 있지만 아이가 오래 잠을 잘 때는 얼마든지 할 수 있다고 생각하자. 어떤 일이든 나의 상황에 맞게 해야 스트레스를 받지 않고 꾸준히 할 수 있다.

꾸준함을 유지하라

늘 우리는 너무 완벽한 사람들과 비교를 하려고 한다. TV를 켜면 나와 같은 나이인데도 불구하고 아직도 모델처럼 완벽한 몸매를 소유한 사람들이 있다. 그런 사람들과 아무리 비교해봐야 우리는 절대로 그들과 똑같은 몸매를 가질 수 없다. 아이를 낳고 나서 들어가지 않는 뱃살을 보면 속만 상할 뿐이다. 그럴 땐 일단 그런 몸매를 가질 수 없다는 사실을 인정하면 속이 편하다. 하지만 그들만큼은 아니라도 현재 내 몸매를 더 날씬하게 개선할 수는 있다. 또 내 몸에 맞게 건강한 몸으로 만들어볼 수는 있다.

새벽 기상도 마찬가지다. 아마 처음에는 한 번도 새벽 기상에 실패하지 않는 완벽한 사람들만 눈에 보일 것이다. 하지만 일단 그런 사람들과 나는 상황이 다르다는 걸 인정하자. 그리고 몰라서 그렇지, 그들도 가끔은 실패했을 수도 있다. 그런 사실을 인정하고 나에게 맞게 전략을 수정하면 된다. 아이가 늦게 잠들었다면 평소보다 한 시간 정도 늦게 일어나도 괜찮다. 그것도 내게는 성공일 수 있다.

무엇이든 하루 8시간 이상씩 매일 한다고 생각해보자. 며칠이나 할 수 있을까? 뭐든 너무 무리해서 빨리 포기하는 것보다는 조금씩 나의 상황에 맞춰 하는 것이 오히려 더 꾸준하게 하는 방법이다. 단 5분이라도 포기하지 않고 매일 하는 것이 더 도움이 된다. 오늘은 못 했지만 내일은 할 수 있다고 생각하자. 완전한 포기가 아니기에 다음이라는 기회가 있다.

무엇보다 강조하고 싶은 건 새벽 기상에 실패했다는 사실을 인정하고 받아들이라는 것이다. '아! 오늘은 새벽 기상을 못 했구나! 내일은 더 잘하자!'라고 생각하면 된다. 우리는 늘 자기 자신에게 완벽함을 요구한다. 다른 사람의 실수에는 너그럽지만 정작 나 자신에게는 그렇지 못하다. 엄격한 잣대를 들이대기 때문에 단 한 번의 실수도 용납하지 못하는 것이다. 그러나 그렇게 하면 살면서 가장 힘든 사람이 나다.

그냥 오늘 새벽 기상을 못했다는 것, 나와의 약속을 지키지 못했다는 사실을 그대로 받아들여라. 그리고 다음에 더 잘하겠다고 다짐하라. 이 한 번의 실패로 그동안 잘해온 모든 것을 부정적으로 평가해서는 안 된다. 그렇게 나를 탓하게 되면 아무 득이 될 게 없다. 나를 탓하느라 에너지를 다 써버리면 다음에 쓸 수 있는 에너지가 바닥난다. 오늘 새벽 기상에 실패할 수도 있다. 하지만 새벽 기상을 포기하지는 말자. 실패할 수도 있다. 실패해도 괜찮다. 우리에게는 내일이 있기 때문이다.

포기만 하지 않으면
이뤄집니다

어떤 일을 하든 간에 포기만 하지 않는다면 이룰 수 있다. 예전에 퇴사를 준비하며 1인 기업가 강의를 들은 적이 있었다. 처음에는 동기가 생겨서 좋다고 생각했다. 하지만 강의를 듣는 수강생들이 각자 성장하는 속도가 달랐다. 개인마다 원래 갖고 있던 역량에는 차이가 있다. 그렇다 보니 같은 수업을 들어도 나아가는 속도가 달랐다. 앞서가는 사람, 아직 정체된 사람, 아직 시작도 못 한 사람 등 각양각색이었다.

이럴 때 저 멀리 앞서가는 사람들과 자신을 비교하면 자극을 받기도 하지만 상대적으로 자신감이 떨어진다. 부러운 감정은 점점 질투로 바뀌고, 급기야는 포기하고 만다. 지금 보면 그때 포기하지 않은 동기들은 모두 성과를 내고 있다. 여기서 나는 사람들의 성장 속도는 모두 다르지만 포기하지 않는다면 결국 목표를 이룰 수 있다는 사실을 알게 되었다.

사실은 모두가 실패한다

새벽 기상도 마찬가지였다. 매일 한 번도 빠지지 않고 새벽 기상을 하는 사람이 있는 반면 그렇지 못한 사람들도 있었다. 새벽에 알람이 울리면 끄기 위해 일어난 순간부터 실패와 성공이 판가름 난다. 알람을 끄고 다시 잠자리로 돌아가는 사람, 유혹을 견디고 책상으로 향하는 사람이 있다. 그만큼 매 순간이 성공과 실패의 순간이 된다. 세부루의 한 참여자는 이렇게 말했다.

> "오늘은 진짜 못 하겠다 싶다가도 앉아서 하다 보면 괜찮아지는 걸 알아서 버티는 것 같아요."

나 역시 매일 새벽 일어나자마자 그런 생각이 든다.

'오늘은 컨디션이 별론데?'

'더 잘까?'

하지만 그동안의 경험으로 일단 이 순간만 버티면 정신이 맑아지고 집중이 잘되는 것을 알기에 꾹 참는다. 그렇게 참으면 새벽 기상 성공으로 이어진다.

포기하지 않으려면 완벽주의에서 탈피하면 된다. 원래 새벽 5시에 기상했는데 오늘은 새벽 6시 30분에 일어났다고 하자. 그러면 새벽 기상에 실패했다고 할 수 있을까? 생각하기 나름이다. 세부루의 한 참여자는 새벽 6시 30분에 일어났을 때 어차피 실패했으니 더 자려고 했는데 마음이 불편해서 다시 일어났다고 한다. 그리고 루틴대로 감사 일기를 쓰고 책을 읽고 카페에 인증 글을 올리고 나니, 실패가 아닌 성공을 했다는 생각이 들었다.

예전에 그녀는 게으른 완벽주의자라서 어떤 일이든 완벽하게 못 할 바에는 안 하고 만다는 타입이었다. 하지만 생각을 바꾸니 자신은 늘 실패하지만 곧 또다시 시도할 수 있는 사람이라는 것을 알게 되었다고 한다.

성은 씨는 세부루에 참여하는 도중 해외여행을 가게 되었다.

여행을 떠나기 전 세부루 동기들에게 일주일 정도 후에 돌아와 꼭 다시 새벽 기상을 하겠다고 이야기하고 갔더니 책임감에 다시 시작할 수 있었다고 한다.

그녀는 남보다 자신이 너무 부족해 보여 하기 싫어졌을 때는 열심히 새벽 기상을 하고 인증 글을 쓰는 동기들의 글을 읽었다. 남을 부러워만 하기보다는 그들이 했던 방식을 자신에게 적용하려고 했다. 가끔 새벽 기상을 하는 게 맞는지 의문이 들 땐 오디오북이나 유튜브 영상을 보면서 의지를 다졌다. 종이책은 덮으면 끝이지만 오디오북이나 유튜브 영상은 듣기 싫어도 틀어놓으면 계속 듣게 되기 때문이다. 그렇게 성은 씨는 마인드컨트롤을 하면서 새벽 기상을 계속해나갈 수 있었다고 한다.

경제적자유 님은 요즘 몸이 너무 피곤해서 일어나려는 의지보다 조금 더 자려는 마음이 컸다. 그러다 늦게 일어나면 의욕이 사라지고 실패감에 사로잡히곤 했다. 하지만 늦게 일어나더라도 5분이라도 책상 앞에 앉아 간단한 책 읽기나 감사 일기를 써봤더니 완벽한 동그라미는 아니지만 세모 정도는 되는 하루가 되었다. 그래서 다음 날에는 조금 더 힘을 내서 새벽 기상에 성공할 수 있었다고 한다.

럭키엘리 님은 최근의 새벽 기상은 '절반의 실패'였다고 표현했다. 전날 늦게 잠들었더니 늦게 일어나게 되었는데, 부랴부랴 인증 글을 쓰다가 이대로 출근하면 하루가 무너질 것 같아서 다시 조금 누웠다가 출근했다고 한다. 하지만 이렇게 실패한 날에도 다음 날 다시 줌 독서실이 열린다는 그 약속이 자신을 이끌어주는 것 같다고 했다. 잠시 멈춰도 걸어갈 의지는 변하지 않기 때문이다.

여기서 알아야 할 것은 나만 실패하는 게 아니라는 점이다. 우리는 잘하는 사람만 보게 된다. 저 사람은 저렇게 잘하는데 왜 나는 실패할까? 이런 생각에 쉽게 좌절감에 빠진다. 하지만 터놓고 솔직하게 이야기해보면 나만 그랬던 것이 아니다.

첫 한 달까지는 의지가 강하기 때문에 뭐든 할 수 있다. 세부루 역시 한 달 동안은 대부분 참여자가 새벽 기상에 성공했다. 하지만 두 달, 석 달 이어지면서 실패하는 참여자들이 하나둘 생기기 시작한다. 그 이유는 새벽 기상을 습관으로 만드는 과정에 접어들었기 때문이다. 무언가를 일상으로 가져오려면 그저 의지만으로는 힘들 수 있다. 완전히 습관이 되어야 한다.

무언가를 습관으로 만드는 것은 힘들다. 습관이 되려면 최소 100일은 꾸준히 실행해야 한다. 그 기간에는 어떻게 보면 기계적으로 할 수밖에 없다. 이 시기에 가장 많이 실패하고 포기한다. 하지만 완벽하지 않더라도 실패만 하지 않으면 계속 이어나갈 수 있다. 끈만 놓지 않으면 된다. 끈을 아예 잘라버리면 다시 붙일 수 없다. 하지만 늦게 일어나더라도 5분 정도 책상에 앉는 식으로 끈만 놓지 않으면 다시 해나갈 수 있다.

나 역시 매일 컨디션이 다르다. 어떤 날은 정말 5분도 앉아 있기 힘들 정도로 컨디션이 좋지 않을 때도 있다. 그런 날에는 너무 힘든 일보다는 가볍게 할 수 있는 일을 택한다. 평소 읽고 싶었던 책을 읽거나 영상을 보기도 한다. 하지만 컨디션이 좋은 날에는 지역 분석을 한다거나 강의 자료를 만드는 등 에너지가 더 많이 들어가는 일을 한다. 늘 같은 컨디션을 유지하기는 어렵다. 평소에 운동과 건강한 식단을 하면 좋은 컨디션을 오래 유지할 수 있다.

나의 새벽 기상은 계속된다

현재 나의 모습을 보면 부동산 강사, 1인 기업가, 유튜버, 작가, 투자자로 살아가고 있다. 꿈에도 그리던 퇴사를 하고 말 그대로 '시간 부자'로 살아가고 있다. 아무도 내게 간섭하는 사람이 없다. 어떤 일을 할지 말지는 내가 결정한다.

새벽에는 지금 해야 할 가장 중요한 일들을 한다. 새벽에 너무 에너지를 쏟으면 10분 정도 자고 컨디션을 회복한다. 남편과 아이들을 직장과 학교에 보내고 나면 아침 운동을 한다. 주 3회는 꼭 필라테스를 한다. 요즘은 헬스 PT를 받고 매일 30분씩 달리기를 하고 있다. 뭐든 배우고 싶은 것도 마음대로 배울 수 있다. 운동한 후에는 동네 카페에서 카페라테를 한잔 마신다. 집으로 돌아와 샤워하고 다시 하고 싶은 일을 한다.

가끔은 이런 일상들이 너무 행복해서 이게 꿈인지 생시인지 할 때도 많다. 정말로 이런 인생을 살고 싶었다. 하지만 나 같은 평범한 사람은 절대 살 수 없으리라 생각했다. 지방대에 문과 출신인 내게는 절대 주어지지 않을 삶이라고 생각했다. 하지만 그런 삶을 지금 살고 있다. 그게 가능했던 건 새벽 기상 덕분이었다.

누군가는 그 시간이 새벽이든 저녁이든 중요하지 않다고 말하기도 한다. 그 말이 맞을 수도 있다. 하지만 나처럼 게으른 사람에게는 하루를 시작하는 새벽에 가장 중요한 일을 해내는 것이 중요했다. 그렇게 시간을 정해놓지 않으면 절대로 하지 않을 것을 알기 때문이다. 중간중간 새벽 기상을 못 하는 날도 많았다. 직장에서 갑자기 회식한다고 하거나 야근을 해야 할 때도 있었다. 어느 날은 아무리 자려고 해도 도통 잠이 오지 않아 꼬박 밤을 샌 적도 있다. 하지만 그런 가운데서도 포기는 하지 않았다.

앞서 내가 강조했던 것처럼, 나 역시 새벽 기상에 실패하면 5분이라도 책상에 앉아 감사 일기 한 줄이라도 적고 출근하려고 했다. 포기하지 않고 끈을 이어 간 덕분에 다음 날에는 새벽 기상을 할 수 있었다. 혼자가 힘들 때는 함께할 사람들을 모았다. 그들이 새벽 기상을 포기하려고 할 때는 내가 잡아주었고, 내가 포기하려고 했을 때는 그들이 잡아주었다. 그렇게 우여곡절을 겪다 보니 5년 가까이 새벽 기상에 성공할 수 있었다. 이제는 내가 바라던 삶이 나의 일상이 되었다.

새벽 시간은 늘 덤으로 얻은 시간이라고 생각한다. 새벽에 일어나지 않았다면 절대 얻을 수 없는 시간이다. 그 소중함을 알기 때문에 어떻게든 일어나고 본다. 몸이 좋든 좋지 않든 그게 중요한 것이 아니었다. 그건 일어나서 생각하면 되는 것이다. 버티고 버티다 너무 몸이 좋지 않을 땐 잠시 잠을 잤다. 그렇게 꾸역꾸역 하다 보니 포기하지 않고 지금까지 새벽 기상을 해올 수 있었다.

앞으로도 나의 새벽 기상은 계속될 것이다. 사실 나는 평생 새벽에 일어나고 싶다. 이제는 새벽 시간에 하지 않으면 제대로 일을 처리하지 않은 것 같은 생각이 든다. 그만큼 새벽에는 최대한 몰입해서 그 일들을 해낼 수 있기 때문이다.

지금 이 책도 당연히 새벽 시간에 쓰고 있다. 새벽 4시부터 아침 7시까지 매일 3시간씩 책 쓰기를 하고 있다. 이 책이 새벽 기상을 고민하는 분들에게 조금이라도 도움이 되길 바라는 마음으로 쓴다. 지금 이 책을 읽고 있는 누군가는 "나는 저녁형 인간이야. 절대로 나는 새벽 기상을 할 수 없어"라며 시도도 해보지 않고 포기할지 모른다. 새벽 기상은 특별한 사람들만 할 수 있는 거라며 말이다. 하지만 절대로 그렇지 않다.

세부루 참여자들 중에서도 원래부터 새벽 기상을 해왔던 분들은 드물다. 대부분 저녁형 인간이거나 처음으로 새벽 기상을 시도한 사람들이다. 그래서 처음에는 당연히 힘들어했다. 하지만 '그럼에도 불구하고' 포기하지 않았기에 지금은 하루 중 가장 집중이 잘되는 나만의 시간을 덤으로 얻은 것이다.

처음부터 너무 이른 시각인 새벽 4시, 5시에 일어나는 것은 당연히 힘들다. 매일 30분 정도 기상 시간을 앞당겨 보자. 30분이라는 시간에도 할 수 있는 게 정말 많다. 책을 볼 수도 있고 글을 쓸 수도 있다. 경제 기사를 읽을 수도 있고 평소 공부하고 싶었던 분야의 유튜브 영상을 볼 수도 있다. 별것 아닌 것 같지만 30분 일찍 일어나 공부하거나 글을 쓰고 출근하면 말할 수 없는 뿌듯함이 차오르는 걸 느낄 것이다.

그런 뿌듯함을 느끼는 이유는 내 시간에 대한 주도권을 내가 쥐고 있다는 마음 때문이다. 하루에 단 몇 분이라도 내 시간을 나를 위해 쓰면, 종일 직장에서 누군가를 위해 내 시간을 쓰더라도 덜 억울하다.

우리는 우리 인생의 주인이 되어야 한다. 나의 하루를 온전히 내 것으로 만들 수는 없지만 새벽 시간만큼은 그렇게 할 수 있다. 이제는 나를 위한 인생을 살자. 그러기 위해 새벽 기상을 하자. 인생은 한 번뿐이라는 것을 절대로 잊지 말자.

당신의 적정 수면 시간은 언제인가요

새벽에 잘 일어나기 위해서는 잠을 잘 자는 것이 중요하다. 그러면 어떻게 해야 잠을 잘 잘 수 있을까? 다음 날의 미라클 모닝을 위해 잘 자는 방법을 몇 가지 소개한다.

첫째, 일찍 잠자리에 든다. 많은 사람이 새벽 기상을 하는 사람들은 수면이 부족하다고 생각한다. 하지만 절대로 그렇지 않다. 오히려 새벽 기상을 하는 사람이 더 수면 시간이 길 수도 있다. 그 이유는 평소보다 일찍 잠들기 때문이다. 나는 워킹맘일 때부터 새벽 기상을 위해 무조건 저녁 9시에는 잠들었다. 전날 저녁 9시에 자서 다음 날 새벽 4시에 일어나면 7시간을 자는 것이다. 요즘에도 늦어도 저녁 10시에는 무조

건 잠자리에 든다. 그래서 보통 수면 시간이 6~7시간 정도
된다. 이렇게 보면 적게 잔다고 보기 어렵다.

한편 결혼하고 생긴 좋지 않은 습관 중 하나가 저녁 늦게
까지 예능이나 드라마를 보고 잠드는 것이었다. 그러다 보면
어느새 12시가 훌쩍 넘어가곤 했다. 밤늦게까지 TV를 보게
되면 자연스럽게 야식도 먹게 된다. 그러면 다음 날 퉁퉁 부
은 얼굴로 출근한다. 하지만 새벽 기상을 결심하면서 저녁에
TV 보는 습관을 없앤 뒤부터는 자연스럽게 야식을 먹지 않
게 되어 건강을 되찾을 수 있었다.

둘째, 일찍 잠자리에 들더라도 중요한 건 양질의 잠을 자
는 것이다. 잠자리에 일찍 누워도 몇 시간 동안 잠을 자지 못
해 괴로워하는 사람들도 있다. 그렇게 되면 새벽 기상은 할
수 없다.

양질의 잠을 잘 수 있는 팁은 일단 저녁에 커피를 마시지
않는 것이다. 카페인은 뇌에 각성 효과를 일으킨다. 잠들어
야 하는 뇌를 더 활발하게 움직이는 것이다. 나도 저녁에 커
피를 마시면 잠이 오지 않는다. 커피는 오전에 마시고 저녁

에는 따뜻한 허브차를 마신다. 그리고 잠들기 전 따뜻한 물로 목욕하는 것도 좋다. 따뜻한 물로 목욕하면 경직된 근육이 이완되어 잠들기 좋은 상태가 된다.

암막 커튼을 활용하는 방법도 있다. 아주 적은 양의 빛도 시신경을 자극해 수면 호르몬인 멜라토닌 분비량을 줄일 수 있다. 그러면 숙면을 하지 못하게 된다. 암막 커튼을 치면 빛 하나 보이지 않아서 잠들기 딱 좋다. 암막 커튼을 치기 어렵다면 안대를 사용하는 방법도 있다. 나는 평소 안구건조증이 심한 편이다. 그래서 잠들 때 따뜻한 안대를 한다. 그렇게 하면 눈의 피로도 풀리면서 더 잘 잠들게 된다.

그리고 잠들기 전에는 스마트폰을 보지 말아야 한다. 아침에 눈을 뜨면서 밤에 잠들기 전까지 스마트폰을 손에서 놓지 않는 사람들이 많다. 하지만 어두운 공간에서 스마트폰 불빛을 보면 뇌를 각성시켜 숙면할 수 없게 된다. 소변도 미리 보는 것이 좋다. 화장실을 다녀온 후 잠드는 습관이 들면 잠자는 도중에 소변이 마려워 깨는 일이 생기지 않아 숙면할 수 있다.

셋째, 잠이 부족할 땐 낮잠을 자라. 직장 생활을 하다 보면 내가 통제할 수 없는 일들이 발생한다. 야근하거나 회식을 해야 할 수도 있다. 늦게 잠들더라도 일단은 새벽 정해진 시간에 일어나는 것이 중요하다. 당연히 피곤하겠지만 한 번 새벽 기상을 못 하면 그 편함을 알기 때문에 점점 포기하게 된다. 기껏 오랫동안 지켜서 습관으로 만들어놨는데 이런 일로 흐트러지면 너무 억울하다.

늦게 자더라도 일찍 일어나고 낮잠을 자면 된다. 직장인이라면 점심을 일찍 먹고 남은 시간에 잠시 낮잠을 자도록 하자. 낮잠은 10분만 자도 몸이 개운해진다. 나 역시 잠을 푹 못 자거나 늦게 잠드는 경우 꼭 10분이라도 낮잠을 잔다. 그렇게 하면 다시 몸이 개운해지면서 활력을 되찾을 수 있다.

적정 수면 시간을 유지하는 것은 중요하다. 그렇게 해야 꾸준히 새벽 기상을 할 수 있다. 일찍 잠드는 것도 중요하지만 양질의 수면을 유지하는 것도 중요하다. 위에서 소개한 팁들을 꼭 실제로 활용해보길 바란다.

딱 30분만 일찍 일어나보자

왜 사람들은 항상 늦었다고만 생각할까? 내 강의를 듣는 수강
생들이 지금도 너무 늦었는데 부동산 투자를 시작해도 되냐고
물어오곤 했다. 그 첫 번째 이유가 나이였다. 보통 40대, 50대
인 분들은 부동산에 전혀 관심이 없다가 가까운 지인들의 집
값이 오르는 것을 보고 '현타'를 느끼는 경우가 많았다. 도저히
안 되겠다 싶어 시작하려고 하는데 이제 와 공부를 한다는 게
너무 늦은 건 아닌지 주춤하게 된다는 것이다.

두 번째 이유는 시기적인 측면이다. 이제 부동산은 끝물이 아니냐는 것이다. 이미 부동산에서 돈 벌 사람은 다 벌고 나왔기 때문에 지금 시작하면 안 된다고 생각한다. 이런 사람들의 특징은 혼자서 생각하고 혼자서 결론을 내버린다. 그게 맞는지 아닌지 검증하려 하지 않는다. 그래서 시도조차 못 하고 늘 하지 못했다는 찜찜함을 안고 살아간다.

유튜브도 마찬가지다. 많은 사람이 유튜브는 레드오션이라 생각한다. 이미 시작할 사람은 그전에 시작해서 구독자를 늘렸기 때문에 자기가 진입할 틈새는 없다고 생각한다. 하지만 유튜브가 레드오션이라는 말은 내가 유튜브를 시작하던 4년 전부터 계속 있었던 말이다. 하지만 나의 채널 구독자 수도 이제는 약 8만 명으로 늘어났고 지금도 계속 늘고 있다. 만일 그런 사람들의 말만 믿고 유튜브를 시작하지 않았다면 지금처럼 나를 좋아해주는 팬들을 만날 수 없었을 것이다.

지금이 가장 빠르다

뭐든 늦었다고 생각할 때가 가장 빠를 때라는 말이 있다. 그렇다. 절대로 늦지 않았다! 나 역시 부동산 투자를 30대 후반에 시작했다. 나보다 훨씬 빨리 시작한 사람들도 많다. 이런 논리라면 나는 당연히 실패해야 한다. 하지만 늦게 시작했어도 부동산 투자를 통해 수익을 냈고 그 결과 지금은 부동산 강의까지 하게 되었다.

일찍 시작하느냐 늦게 시작하느냐는 중요하지 않다. 일단 하는 게 중요하다. 하지 않으면 기회조차 생기지 않는다. 반대로 일단 시작하면 그런 기회를 얼마든지 얻을 수 있다. 우리는 너무 잘하고 싶어 하고 또 완벽하게 하고 싶어 한다. 예를 들어 유튜브를 시작한다면 좋은 카메라, 마이크, 편집프로그램이 구비되어 있어야 가능하다고 생각한다. 영상을 어떤 주제로 찍을지는 생각하지 않고 부수적인 것에만 집착하는 것이다. 그렇게 하다 보니 시작조차 못 하는 경우가 부지기수다.

블로그도 비슷하다. 최근에 내 블로그 강의 수강생 한 사람이 이런 이야기를 했다. 블로그를 시작하기 전에는 블로그의 스킨을 얼마나 예쁘게 만드는지가 중요한 줄 알았다는 것이다. 하지만 블로그 강의를 들으면서 이는 부수적인 요소일 뿐 얼마나 진정성 있게 글을 쓰는지가 더 중요하다는 걸 알게 되었다고 한다.

유튜브 역시 마찬가지다. 얼마나 좋은 카메라로 촬영하는지보다 휴대폰으로 촬영하더라도 그 내용이 구독자들에게 도움이 될 수 있는 것인지가 더 중요하다. 마이크가 없어도 되고 1만 원대로 저렴한 마이크를 사서 해도 된다. 내 유튜브 영상 중 가장 인기를 끈 영상은 차 안에서 휴대폰으로 마이크도 없이 촬영한 영상이다. 아이들을 기다리다 시간이 남아서 혼자서 그냥 찍어봤다. 업로드할까 말까 고민하다 그냥 올린 영상이 50만 뷰가 나왔다. 뭐든 각 잡고 하기보다는 가볍게 시작해보는 것이 좋다.

존 크럼볼츠가 쓴 《빠르게 실패하기》라는 책에서도 최대한 많이 시도해보라고 한다. 일단은 시도해보면서 수정을 해나가면 된다. 잘 될지 안 될지는 일단 해봐야 안다. 해보지 않고는 절대 그 결과를 알 수 없다. 하지만 사람들은 해보지도 않고 결과가 좋지 않을까 봐 전전긍긍한다. 막상 해보면 생각보다 결과가 좋을 때도 많아서 '이렇게 좋은데 안 했으면 어떡할 뻔했을까?'라는 생각이 들기도 한다.

첫 책을 쓸 때 그런 생각을 많이 했다. '나 같은 평범한 사람이 쓴 책을 누가 좋아할까?' 하지만 막상 책이 나오자마자 없어서 못 팔 정도로 많은 사람이 사줬다. 만약 나 같은 사람은 책을 쓸 수 없다고 미리 단정 짓고 책을 쓰지 않았다면 절대로 그 책은 세상에 나올 수 없었을 것이다. 두 번째 책도 그랬고,

지금 쓰고 있는 세 번째 책도 역시 같은 마음이다. 그런 마음이 들어도 이제는 일단 시도해보면 다를 수 있다는 것을 알기에 어떻게든 해보려고 한다.

새벽 기상도 마찬가지다. 너무 완벽하게 하려고 하지 말자. 일단 조금씩 기상 시간을 앞당겨보자. 그렇게 하다 자기는 새벽 기상과는 도저히 맞지 않는 사람이라는 생각이 들면 그때 포기해도 된다. 하지만 해보지도 않고 포기한다면 하지 않은 것에 대한 미련이 계속 남을 것이다. 포기를 해도 일단 해보고 깔끔하게 포기하자.

아직도 새벽 기상을 하는 나를 보고 많은 사람이 대단하다고 말한다. 하지만 습관이 되면 점점 더 힘들지 않다는 걸 알게 된다. 퇴사하고서도 계속 새벽 기상을 하는 이유는 아무리 시간이 많더라도 집중이 잘 되는 보석 같은 시간은 따로 있기 때문이다. 퇴사하고 가장 걱정했던 부분이 시간 관리였다. 아무도 나를 감시하지 않으니 혹시 생활 패턴이 엉망이 될까 봐 걱정을 많이 했다. 그래서 더더욱 계속해오던 새벽 기상 습관을 유지하려고 했다.

너무 잘한 선택이라 생각한다. 새벽 기상을 했기 때문에 그동안의 루틴을 유지할 수 있었다. 최근에 만난 지인도 퇴사를 고민하고 있었는데 그동안의 생활 패턴이 무너질까 봐 퇴사하지 못하겠다고 이야기했다. 결국 이것도 의지의 문제다. 퇴사해서도 새벽 기상을 한다면 충분히 좋은 생활 패턴을 유지할 수 있다. 하고자 하는 의지만 있으면 얼마든지 가능하다.

늦었다고 생각할 때가 가장 빠른 시기다. 내 인생도 그랬다. 늦었다고 생각했지만 지금이라도 해보자는 생각이 오늘의 나를 만들었다. 새벽 기상도 절대 늦지 않았다. 이제 우리 대부분은 100세까지도 살 수 있다. 인생을 100세까지 생각하면 정말 긴 시간이며 지금은 아직 반도 지나지 않았다. 그러니 늦었다고 생각하지 말자.

내일부터라도 30분 일찍 일어나보자. 내가 나를 위해 시간을 냈다는 성취감이 그날 하루를 놀랍도록 변화시켜줄 것이다. 이 책을 읽는 독자분들과 놀라운 새벽 시간을 함께했으면 한다.

혼자
있는
새벽 4시의
힘

혼자 있는 새벽 4시의 힘

초판 1쇄 발행 · 2023년 9월 11일
초판 2쇄 발행 · 2023년 10월 16일

지은이 · 김세희(세빛희)
발행인 · 이종원
발행처 · (주)도서출판 길벗
브랜드 · 더퀘스트
주소 · 서울시 마포구 월드컵로 10길 56(서교동)
대표전화 · 02)332-0931 | **팩스** · 02)322-0586
출판사 등록일 · 1990년 12월 24일
홈페이지 · www.gilbut.co.kr | **이메일** · gilbut@gilbut.co.kr

책임편집 · 정아영(jay@gilbut.co.kr), 김세원, 유예진, 송은경, 오수영
마케팅 · 정경원, 김진영, 최명주, 김도현
제작 · 이준호, 손일순, 이진혁 | **영업관리** · 김명자, 심선숙 | **독자지원** · 윤정아

교정교열 · 김순영 | **본문디자인** · aleph
CTP 출력 및 인쇄 · 정민 | **제본** · 정민

ISBN 979-11-407-0622-8 03190
(길벗 도서번호 090241)

정가 18,800원

독자의 1초를 아껴주는 길벗출판사

(주)도서출판 길벗 | IT교육서, IT단행본, 경제경영서, 어학&실용서, 인문교양서, 자녀교육서 www.gilbut.co.kr
길벗스쿨 | 국어학습, 수학학습, 어린이교양, 주니어 어학학습, 학습단행본 www.gilbutschool.co.kr